食はイスタンブルにあり

君府名物考

鈴木　董

講談社学術文庫

目次

食はイスタンブルにあり

巻ノ一　古都は食をはぐくむ

古都に名物あり

およそ古今東西、名だたる古都、きこえた大都市には、旨《うま》いもののあるのが通例である。本邦にても、「食いだおれ」の街と称される浪速《なにわ》、大阪はもとより、「着だおれ」の街と評される京の都も、美味佳肴にこと欠かない。いにしえの江戸は夕映えの彼方に過ぎ去り、もはや文化文政のみぎりの風情など偲《しの》ぶべくもない東京ですら、そこここに、老舗《しにせ》の名物が残されている。

広く世界に目を転ずれば、東方に、中華あり、地広く物豊かな中国においては、「食は広州に在り」と謳《うた》われた食都広東はいうに及ばず、北京の家鴨《あひる》、上海の蟹と、古都大都会に食文化の伝統は残り栄えている。かつて中世には物乏しく食また貧しかった泰西の地においてさえ、人工の粋を尽くしたパリのフランス料理のかずかず、ハプスブルク帝国の栄華をとどめる重々しいウィーンのくさぐさの菓子と、名物にはこと欠かない。食の貧しさの喧伝される霧の都ロンドンにすら、それなりの食味を見いだしうる。

食の文化について、邦人に最もなじみが薄いのは、世界の諸文化圏中、イスラム世界、中東であるかと思われるが、この世界もまた、古くより東西交易の要路上に地の利を占めかつては栄華を誇った地なれば、千夜一夜物語の古都バグダードは昨今見る影もないにせよ、万古のナイルのほとりにたたずむカイロ、千古の歴史を秘めたダマスクスなど、数々の古都史都を擁する土地柄なれば、街々の名物にもこと欠かない。イスラム世界の「へそ」というべき中東も、アラブ圏、イラン圏、トルコ圏と色とりどりにて、アラブ圏また広大にして東のマシュリク（日出ずるところ）、西のマグリブ（日没するところ）の両地に分かれ、各々、お国自慢の名物旨いものは、枚挙にいとまがない。さりながら、イスラム世界、中東につき食を論ずるにあたり、食都としてほぼ常に第一に指を屈せられるのが、イスタンブルの街なのである。

君府・イスタンブルという街

本邦で古くはしばしば「君府《くんぷ》」と称されたイスタンブルは、中東、イスラム世界のみならず、全世界で屈指の由緒ある古都である。アジアとヨーロッパを隔てるボスポラス海峡のほとりにそびえるこの街は、その地政学的位置ゆえに、この街を制する者は世界を制すると称されたほどの要衝の地であり、華やかな有為転変の歴史を辿《たど》ったのであった。

紀元前七世紀の頃、ギリシア人によって初めて創設されビザンティオンと名づけられたこの街は、その後二千有余年にわたる歴史のなかで、ビザンティオンからコンスタンティノポリス、そしてイスタンブルと三つの名前を得るとともに、ローマ帝国、ビザンツ帝国、オスマン帝国と、いずれ劣らぬ三つの世界帝国の帝都として栄華を誇ったのであった。

それゆえ、この街はまた、地理的にアジアとヨーロッパの接点に位置するのみならず、文化的にも、東洋と西洋、キリスト教世界とイスラム世界の交点となり、さまざまの文化と文明の諸要素が、積み重なり、入り混じりながら、独特の景観と雰囲気を創り出してきた。西方からの旅人には、東洋への憧憬と幻想をかきたて、東方からの遊子《ゆうし》には、遥か西方まで来たものよとの感慨を呼び起こさせるのもまた、この街の占める位置とその転変の歴史のしからしむるところなのである。

東西の物産の出会うところ

東洋的なるものと西洋的なるものが入り混じるこの街の風情は、イスタンブルが、かつて東西交易の一大中心であったことによるところも少なくない。アジア、アフリカ、ヨーロッパのいわゆる「旧世界」の「三大陸」を結ぶ東西と南北の交易の路は、この街で交わり、とりわけ東西交易の大道として名高いシルクロードも、ここに至って一応の終点に達したのであった。

往《い》にし昔、「旧世界」の三大陸は、海と陸のいく筋かの大動脈によって、東西に結ばれていた。アジアとヨーロッパをつなぐ陸の大動脈の一つは、いうまでもなくシルクロードであった。この路は、中国の西辺に発して天山北路、天山南路と枝分かれしたのち再び交わり、一路、トルコ民族の故郷でもある中央アジアを横切り、あるいはキャヴィアで名高いカスピ海の北を直進して黒海北岸に至り、あるいは南下してイラン高原に入りさらに西進してアナトリアを横断し、いずれにせよ、君府コンスタンティノープルに至るのであった。ユーラシアの東西を貫通するいま一つの陸の大道は、これまた中国の西北辺に発して北方遥かシベリア南縁を直進し西方へと至る道であった。多くの隊商の往き交ったシルクロードが「オアシスの道」とも呼ばれるのに対し、モンゴル人や遊牧のトルコ人が往還した「草原の道」とも呼ばれるこの北方の路もまた、その一端において、黒海北岸へと南下し、君府に接続していたのであった。

陸の東西交易路は、一方ではかつて大唐の長安に西域の玉、西方の葡萄《ぶどう》をもたらしたのみならず、他方では西方に絹や蚕卵をもたらし、中国の絹のみならず西伝したこの蚕卵を基として始まったイランやアナトリア西北部ブルサの養蚕業の成果たる絹は、黄金の食器の並ぶ豪華なビザンツ皇帝の食卓、元の染付、万暦の赤絵に彩られたオスマン宮廷の宴席につらなる人々の身を飾ったのであった。

海の大動脈はといえば、中国南岸に発し、マラッカ海峡を抜けてインド洋に入り、インドに立ち寄り、その後、一つはペルシア湾に入ってイラクに上陸し、一つは紅海を経てスエズ地峡に至り、いま一つは南下して東アフリカに向かう。このうち、ペルシア湾ルートと紅海ルートは、いずれも陸路に接したのち、その一端は君府に到達したのであった。

海上の路、とりわけ紅海ルートは、あるいは「香料の道」として知られ、遠く東南アジア、インドから胡椒はもとよりのこと、さまざまの香料、生薬をもたらし、君府の市場を賑わし国庫を潤すとともに、食膳にまた馥郁《ふくいく》たる香気を添えた。この道を通じてまた、宋の青磁、元の染付、明の赤絵と、高価極まる中国の陶磁器がもたらされ、イスタンブルの帝王貴顕の食卓を飾った。このため、この道は、「陶磁の道」とも称せられる。今、オスマン朝歴代の居城トプカプ宮に蔵せられる夥《おびただ》しい中国陶磁器の数々は、かようにしてもたらされたものであったろう。

かつて君府の街は、旧世界の三大陸の陸と海の交易の大動脈の輻湊《ふくそう》するところ、東西の物産の出会う場であった。わけても、一五世紀中葉、このかつてのローマの帝都、ビザンツ一千年の都は、イスラム教徒のトルコ人の建てた国家たるオスマン帝国の帝都と化し、この新興の王朝の興隆とともに、東西交易の中心として大いに栄えた。このことは、いうまでもなく、この街の食の文化に、洗練の粋を尽した中国からの皿、中央アジアの雄壮な遊牧騎馬民族を偲ばせる野趣をたたえたケバブ料理の数々、仄《ほの》かに南方の香りを伝えるさまざまの香辛料、そして、西方の異国情緒に満ちたヴェネツィア・グラスの杯と、東西混淆《こんこう》した多彩さをもたらしたのであった。

イスラムの伝統とトルコ料理

一四五三年、コンスタンティノープルを征服して以来、ビザンツ帝国にとってかわり、五世紀近くにわたりこの街を首都として栄えたオスマン帝国は、トルコ系ムスリムのうち建てた国家であった。このことから、イスタンブルの食文化は、中央アジア以来のトルコ民族の食の伝統に加えて、一方では、平たい円形のパンを、イタリアのピッツァの語源でもあるギリシア語のピタに由来するピデの名をもって呼び、また、章魚《たこ》にアフタポット、海老にカリデス、貽貝《いがい》にミディエと同じくギリシア語起源の語をあてるなど、ビザンツの食の伝統も残してはいるが、何よりも、イスラム世界の食の伝統の強い影響の下におかれた。

そもそも、イスラムは、七世紀初頭、アラビア半島紅海寄りのメッカの街で、預言者ムハンマドが、唯一神アッラーへの帰依を説き、その啓示を伝えたことに始まる。イスラムの聖典『コーラン』は、預言者ムハンマドにより伝えられたアッラーの啓示の集大成である。イスラムとは、「(唯一神アッラーに)帰依すること」を意味し、唯一神に「帰依した者」がムスリムなのである。

預言者ムハンマドは、在世中に、アラビア半島の多くを影響下に収め、その没後、七世紀中葉から八世紀中葉にかけて、アラブ・ムスリムによる「アラブの大征服」によって、イスラム世界の形成と拡大が急速に進み、東はトルキスタンで中国と接し、西は、モロッコ、イベリアにまで拡がるイスラム世界が成立した。これが、今日のイスラム圏の原型である。そして、その後も拡大を続けたイスラム世界の西北に位置することとなった大都会が、イスタンブルなのである。

イスラムの教えは、政教、聖俗の境を知らず、その戒律というべきイスラムの聖法シャリーアは、食についても多くの規定を含む。そのなかで、何よりもまず邦人にも知られているのは、禁酒の戒律である。『コーラン』のなかでは、酒は人の理性を失わせるとて、飲酒がいましめられているが、棗椰子《なつめやし》の実から製した軽いビールは、預言者ムハンマドもまた、たしなんだとも伝えられる。しかし、人も知る如く、後代の敬虔なるムスリムは、飲酒は全面的に禁ぜられたものと考えるに至った。禁酒の掟は、少なくも表向きは励行され、その事情は、オスマン帝国治下のイスタンブルでも変わらなかった。イスラムの戒律は、酒池肉林の楽しみを封じ、肉林に加うるに、酒池ならぬ香料・シロップ入りの冷たい甘味水シェルベットをもってする食風俗を生んだのであった。しかし、この戒律にもかかわらず、酒については、密かにこれをたしなむ者は常に存し、「隠れ左党」があとを絶たなかったことも確かである。

食に関するイスラムの禁忌で、いま一つ広く知られるのは、豚肉を食することの禁止である。この点でも、イスタンブルのムスリムは戒律に従い、酒にもまして豚を忌み、豚肉はムスリムの食卓から放逐され、ユダヤ教徒もまた豚を食せぬゆえ、僅《わず》かにキリスト教徒の食膳にのみ残ることとなった。禁酒の教えは、ついに隠れ左党を根絶し得なかったのに対し、豚肉への禁忌は、遥かに深くムスリムの食生活に根をおろした。イスラム国家オスマン帝国は歴史上の存在と化し、世俗国家トルコ共和国の御時世となった今日も、かつての隠れ左党は公然として飲酒するに至ったのに対し、ムスリムのトルコ人中、さほど信心深いともいえぬ者にさえ、豚肉は、戒律からというより、食物外の異物のように感ぜられて食し得ぬ人が圧倒的に多いことは、イスラムの戒律が、いかにトルコ、イスタンブルの食生活に深い影響を与えたかを示すに足りる。

今日にしてかようであれば、往時はいかに豚が忌まれたかを示す興味深い一挿話が、一六世紀中葉、オスマン帝国の最盛期スレイマン大帝の御世に、当時のオスマン帝国の最大のライヴァル国家ハプスブルク帝国の大使としてイスタンブルを訪れた、機智にあふれる腕ききの外交官、ビュズベクの名高い『トルコ書簡集』のなかで語られている。それによれば、あるとき、ビュズベクにあてて、彼の友人の一人が外からのある包みを密かに大使館内に届けようとした。しかし、戸口では、オスマン帝国の誇る精鋭イェニチェリ軍団の兵士が、大使の警護の名の下に監視していて運び込まれる物品もすべて改めており、密かに包みを持ち込むのは難しい。そこで、ビュズベクの友人は一計を案じ、大きな籠の中に包みを潜め、さらにそのなかに一匹の子豚を入れて戸口に持参させた。早速、門番を務めていたイェニチェリ兵士は、この籠を改めみようとしたが、そのなかに子豚を見いだすと、不浄の生き物に辟易《へきえき》して「早く行け」とばかりに無検査で入門を許し、秘密の包みは無事、大使閣下の手元に届いたという。ことほど左様に、イスラムの教えと戒律は、イスタンブルのムスリムの嗜好と食生活にも、浸透していたのである。

イスラムの影響は、かような宗教的戒律と禁忌のみにとどまらず、イスラム世界の文化のなかではぐくまれた食の伝統、料理や菓子や飲料のジャンル、名称、材料と調理法にも、大影響を与えたのであった。そもそも、今日知られるオスマン朝で最初の料理書は、トルコ人による創作作品ではなく、ムハンマド・ビン・マフムード・シルヴァーニーのアラビア語の料理書『料理人の書』の翻訳である、一五世紀の『諸食物の調理』なる書物であったことは、その証左である。

さらに料理名についてみても、まず典型的トルコ料理として知られる焼き肉料理ケバブの名もまた、少なくも名称のうえでは、アラビア語で「ひっくり返す、団子に丸める」を意味する動詞カッバの派生語にして「焼き肉、茹で肉、肉団子」の意の語カバーブに由来する。また、本邦ではギリシア料理として知られるムサカも、トルコ料理であるが、元来、アラブ・ムスリムの料理であり、ムサカの語も、アラビア語で「水を与える」ことを意味する動詞サカーに由来する。これはほんの一例、イスタンブルの食、トルコ料理も、その多くは、実は、中東のムスリムの料理の一翼をなし、とりわけアラブ料理の強い影響下にあるのである。今日、トルコ料理には、アラブ圏のシリアやレバノンなどの料理と類似のものの多い一因はここにある。

イスラム世界の食の作法の受容

アラブ・ムスリム文化に端を発するイスラム文化の影響はまた、食物と調理法そのもののみならず、食物飲料をとる際の食の作法においても顕著である。イスラムの戒律においては、左手は不浄の手であり食事は原則として右手のみでとった。しかも、箸はもとより存在せず、ナイフやフォークも用いず、手づかみで食するのが作法であった。もっとも、手づかみといっても、右手の親指、人差指、中指の三本の指の指先で軽くつまんで食するのが好ましく、普通われわれが手づかみというと想い浮かべるような無作法さからは程遠く、なかなかに優雅繊細な食べ方であった。この食の作法は、トルコ人も受容し、オスマンの帝都イスタンブルのテーブル・マナーも、専ら手づかみで食することを前提としていた。

それゆえ、くさぐさの料理は、通例、指で食しやすい大きさに予め切り揃えた材料で調理されるか、あるいは指でちぎり取るに十分な程に柔らかく製されていた。ただ汁物だけは、あるいはパンにしませて食するか、あるいは匙を用いた。イスタンブルのオスマン朝の人々の用いた匙には、庶民の用いた無骨な木匙から、銅や銀、青貝の殻、王侯貴族は金や宝玉をちりばめた貴金属の匙を用い、匙の大きさも、スープからデザートに至るまで用途によりさまざまであった。

手で食する作法ゆえ、食事の前後には、金属製の手洗い鉢がもたらされ、麝香《じゃこう》の香りの石

食の作法。円卓上に大皿鉢を据え、各自食器代わりに三角に切った丸パンを置き、共食している

鹼を用いつつ専用の水差しで注がれる水を受けて、手洗い鉢上で指を洗い清めるのであった。ちなみに石鹼は、すでに古くサブンと呼ばれ、一五～一六世紀の古文書にもみえるが、サブンなる語は、ラテン語の「白い土」を元来は意味するサポの語がアラビア語でサーブーンと変じ、これを承け継いだものなのである。

三本指で食する作法のみならず、食卓のしつらえ方もまた、オスマン朝のトルコ人はアラブ・ムスリムの伝統を承け継いだ。料理は、銘々の器には分かたれず、大皿や大鉢で食卓に供され、これを居並ぶ人々が右手で直接、器から分かち食した。銘々皿なども通例は用いず、ときにパンが食器代わりをつとめた。

トルコ語でもアラビア語のスフラにならいソフラと呼ばれる食卓では、普通、床に着座して食する作法であった。着座時の座法は、あるいは正座、あるいは片ひざを立てて座り、または胡座《あぐら》をかき座した。食卓そのものは、シニと呼ばれる食卓用の大円盆を台座上に据え、そのまわりに車座に位置を占めた。このとき片ひざ立ての座法は、一卓に多人数がつくため甚だ便利であった。しかし、大御馳走のときは、しばしば直接に床に絨毯《じゅうたん》を拡げて、その上に大皿大鉢を並べたて、宴席の主客は食卓に見たてた絨毯の四周《ししゅう》に居並び、食事をとったのであった。

食事のなかでもとりわけ華やかな、オスマン朝の宮廷のスルタンの食卓、帝王の祝祭の宴席については、のちにまた物語ることとしよう。

イスタンブルの食の世界

君府イスタンブルの食の世界は、一方でビザンツの余韻も伝えつつ、おおむねイスラム世界の食文化の一端をなしていた。とはいえイスタンブルの街は、イスラム世界の数ある古都のなかで、食の世界においても、とりわけ華やかな名声を享受した。そして、それは、ひとえに、かつてその主《あるじ》がイスラム世界に覇を唱え、六世紀半近くにわたって栄えたイスラム世界の超大国、オスマン帝国の栄華の余光にほかならない。

以下、イスタンブルに君臨したオスマン帝国の歴史を偲びつつ、帝都イスタンブルの食の世界に分け入り、本邦では知られるところの少ないトルコの料理と食品の豊かさと、そして、トルコ料理の精華というべき君府の名物珍味の数々を紹介していくこととしよう。

巻ノ二　遊牧の遺産

シシュ・ケバブとトルコ民族の源流

イスタンブルの食文化がトルコ料理の粋であれば、トルコ料理というと何よりもまず想い起こされるのは、羊の串焼きシシュ・ケバブであろう。焼き肉を意味するケバブの語は前述の如く、アラビア語起源でトルコ料理におけるアラブ・イスラム文化の影響の証左とすれば、シシュの語は本来トルコ語で、「串」あるいは「小剣」を意味し、中央アジアに遡る遊牧トルコ民族の伝統につらなる。まさに、代表的料理シシュ・ケバブの名称自体が、イスラムの伝統と中央アジアの遊牧の遺産の交錯のなかではぐくまれたトルコ料理の来《こ》し方を象徴しているのである。

シシュの語は、トルコ系言語のシャシュカに通じ、シャシュカの語はまた、本邦でシャシユリクの名で知られるロシア名物の羊の串焼き料理の名でもあり、トルコ民族の遊牧の遺産の影響の拡がりを示すのである。

確かに、遠く西方ビザンツの故地にオスマン帝国を築き、イスタンブルの食文化を創り出し、今またトルコ共和国を担うトルコ人の淵源は、遥か東北方の中央アジアを故郷とする遊牧トルコ民族にある。その民族名にちなみその故郷たる中央アジア中核部がトルキスタン（ペルシア語で「トルコ人の地」の意）の名を得たトルコ民族は、原初、シャーマニズムを奉じ、精強な遊牧騎馬民族として活躍し、中国の辺境を脅やかして勇名を馳せつつ次第に強大化し、中国の隋唐の頃にはその塞外の地に広大な突厥《とっけつ》帝国を築き、またウイグル王国を建て、遊牧のみならずオアシスの農耕民・都市民となる者も生じて、一部は仏教に帰依しさえしたのであった。

しかし、七世紀初頭に遠くアラビア半島の地に興ったイスラムが巻き起こした「アラブの大征服」の波は、遥か東トルキスタンの地にも及び、七五一年には、成立後まもないイスラム帝国アッバース朝の兵はタラス河畔に大唐の軍勢を破った。この頃から、トルコ民族の故郷トルキスタンの多くはアラブ・ムスリムの支配下に帰し、シャーマニズム、仏教はたまたマニ教等々を奉じたトルコ民族のイスラムへの改宗も徐々に進んでいった。また騎射の術に長け勇猛をもって知られるトルコ人は、アッバース朝をはじめ、イスラム世界の諸王朝の君主直属の奴隷軍人として、常備軍団に好んで迎え入れられた。

中央アジアからアナトリアへ

こうして、イスラム世界へと次第になじみを深めたトルコ人の一派、遊牧民オグズ族は、一一世紀前半、中央アジアから大挙南下し、イラン高原を本拠としてセルジューク朝を建て、当時弱体化しつつもなおバグダードにあってムスリムの尊崇を受けていたアッバース朝のカリフよりスルタンの称号を認められて、堂々たるムスリムの王朝を築き、大いに威勢をふるった。一一世紀後半に入ると、この王朝は、「アラブの大征服」をも退け、帝都コンスタンティノープルに拠ってバルカンとアナトリアを支配し、東西交易の利を占めて存続してきたビザンツ帝国の東半アナトリアの地に大挙侵入し、一〇七一年には、マンズィケルトの戦いにおいてビザンツ軍を大破して皇帝を一時捕虜とし、以後アナトリアの地は、トルコ系ムスリムの進出するところとなった。

その後まもなく、一〇七七年にはムスリム・トルコ陣営で内訌《ないこう》を生じ、セルジューク朝の王族の一人が、トルコ民族が「ローマの地（ルーム）」とも呼んだ新天地アナトリアで自立してルーム・セルジューク朝を開いた。このトルコ系ムスリムのアナトリア進出を直接のきっかけとして一〇九六年に始まった西欧からの十字軍の進攻にも耐え抜いたこの王朝は、アナトリアの征服を着々と進め、トルコ人の定着とイスラム教の普及浸透を確保し、一三世紀前半には最盛期を迎えた。のちにオスマン朝を担い、今またトルコ共和国を構成するアナトリアのトルコ人の淵源は、ここに発するのである。

乳の文化とヨーグルト

かような背景をもつ人々なれば、トルコ人の食生活の主軸が、畜産物におかれていることは当然であろう。トルコ人の食文化にとって、乳製品と肉は、われわれ日本人にとっての海産物と魚と同様に、晴れがましい祝祭や祝宴においても、また日々の日常の食事においても、欠かせぬ食品である。とりわけ、肉は財産たる家畜を喰い潰さねば得られぬ食材なれば高価で貴重であり余裕ある者のみが日常的に食し得るにとどまったのに対し、乳製品は、都であると鄙《ひな》であるとを問わず、一般庶民にとっても必須の日常の食品であった。

とはいえ、トルコ人は、乳をそのまま飲むことはあまりしない。むしろ、加工し、チーズ、バター、カイマク（一種の生クリーム）等々を製してこれを用いることが多い。しかも乳としては、牛乳のみならず、羊や山羊の乳もまた多用される。

数々の乳製品のなかで、トルコ人の生活に最もなじみ深いのは、ヨーグルトとチーズである。ヨーグルトについていえば、本邦で西欧語経由で受容し用いているヨーグルトの語そのものが、トルコ語の「ヨウルト」に由来するのである。ヨーグルトというと、われわれは、間食用か、あるいはせいぜいで少し変わった調味料として用いるくらいにとどまる。

しかし、トルコ人にとって、ヨーグルトは、まさにわれわれ日本人にとっての味噌か醬油にあたるものであり、確かにときにはそのまま、あるいは粉砂糖や蜂蜜をかけて食することもあるが、より多くはあるいは焼き肉料理や煮込料理に添えて調味料とし、あるいはピラフに添えて食するのである。ヨーグルトはまた、さらにこれからチーズやバターを作る原料ともなるのである。

これだけ生活に密着しているのであるから、古くから多数の専門のヨーグルト製造業者（ヨウルトジュ）がおり、一七世紀中葉のオスマン朝の大旅行家エヴリヤ・チェレビィが、彼の名高い『旅行記』のなかで伝えるところでは、やや誇大かもしれぬが、イスタンブルのみでも、スルタン直属の御用ヨーグルト作り頭の配下に一〇〇名のヨーグルト作りがブルー・モスク近くのスルタン専用の製造所で働いている他、民間のヨーグルト屋が五〇〇あり、ヨーグルト作り職人は一六〇〇人もいたという。エヴリヤ・チェレビィの、ときに法螺《ほら》を交えて話を面白くする常々の語り口からして、この数字はにわかに信じ難いにせよ、多くの業者があれば、片栗粉などを混ぜ込み暴利をむさぼろうとするヨーグルト屋も後をたたなかったようで、純正のヨーグルトに混ぜ物をせぬようにとの禁令もたびたび出された。

それでも、手作りのヨーグルトは、このごろ本邦で見かけるさらさらとしたような頼りないヨーグルトとは大違いで、少しく淡黄色《うすきいろ》をおび、表面には薄い膜がはって弾力があり匙ですくうとねっとりとした手触りがして、味もまた、濃厚でこくがあった。人々は懐具合と用途に応じて、品質を異にする何種かのヨーグルトから選び購《あがな》ったのであった。しかしまた、各イスタンブルでも、各家庭で生の乳を買い求め、秘伝の乳酸菌のヨーグルト種を用いて、各家庭伝来のヨーグルトが作られたものであった。このあたりは、わが国の味噌に似るかもしれない。

君府ヨーグルトめぐり

これだけ人気のあるヨーグルトのことゆえ、イスタンブルでも、ヨーグルトを名物とするところがあった。先の一七世紀の旅行家エヴリヤ・チェレビィは、五〇〇軒のヨーグルト屋のうち一〇〇軒はエユプにあり、店も飾りたてられ、祝祭の月の三日目には、市中の風流人がやってきて、ヨーグルトを楽しむと書いている。ちなみにエユプとは、イスタンブル旧市街の西北、ビザンツ以来の大城壁の外の金角湾沿いの地区で、エユプ・モスクで名高い。エユプ・モスクは、かつて「アラブの大征服」の頃、アラブ人がコンスタンティノープル攻めを試みたとき軍中で没した、イスラムの預言者ムハンマドの教友だったエユプ・アンサーリーの廟の傍らに征服者メフメット二世によって建立されたモスクで、善男善女がエユプ廟参詣のためやってくる一種の霊場である。

このエユプの件については他の書物にはみえず、むしろ、君府中でヨーグルトが最も名高かったのは、ボスポラス海峡アジア岸、今日の第二ボスポラス大橋の北隣の海辺にあるカンルジャであった。カンルジャのヨーグルトについては、すでにエヴリヤ・チェレビィも、「この町の純正のヨーグルトは非常に美味である」と述べ、少し遅れて一七世紀末に書かれた君府生まれでオスマン帝国臣民のアルメニア人エレミヤ・チェレビィ・キョムルジュヤンの『イスタンブル史』の中にも「カンルジャのヨーグルトは非常に名高く、イスタンブル市内にも販売すべくもたらされる」とある。

カンルジャのヨーグルトは、その後も長らくボスポラス名物の一つとして広く知られ、君府海峡《ボスポラス》を望む風光明媚の地ゆえ、散策日和の日々には、海の青と陸の緑の美しいこのあたりの風光をめでたついでに、珈琲店《カフヴェ》にて、名物のヨーグルトを味わう人々で賑わったものであった。今もこの地には、「カンルジャ名物ヨーグルト」を売り物とする茶店《チャイハネ》がそこここにあり、訪ねる人も絶えないが、ボスポラスの風光はこれも少し衰えたりとはいえなお健在であるものの、ヨーグルトのほうは、もはや手作りの味とは程遠い工場製のパック製品が供され、興趣をそぐのは誠に遺憾である。

なお、ヨーグルトの兄弟分というべきものにアイランなる飲料があるが、これは、ヨーグルトから脂肪分を除いたうえ水を加えたものにて、トルコ人が大いに好み、酒を善しとせぬ土地柄ゆえ、焼き肉やパイに添えて喫するが、わが邦人にはなかなか口に合い難いようである。

乳酪と乾酪

ヨーグルトは、生食するのみならず、バターとチーズもこれから作られることゆえ、話をバターとチーズに移すこととしよう。まず、乳酪とも書かれるバターは、トルコ語ではテレヤーと呼ばれる。バターは、乳やヨーグルトを材料に作られるが、パンに塗って食することは少なく、むしろ主として調理に用いられる。トルコ料理といえば、地中海料理の一環として、オリーヴ油が多用されるように思われがちであるが、確かにゼイティン・ヤー（ゼイティンは橄欖《オリーヴ》、ヤーは油の意）と呼ばれるオリーヴ油も用いられるが、これはとりわけ野菜の冷菜に用いられ、温かい野菜料理、肉料理には、むしろ動物性油が用いられることが多かった。

オスマン時代に用いられたさまざまの物品を調べるのに便利な材料として、西暦一六四〇年の大晦日にあたる回暦一〇五〇年ラマザン月（断食月）一七日附のオスマン当局により製作されたイスタンブルの公定価格表があるが、これをみると、動物性油中、最も安価なのは羊脂で、当時のオスマン朝の単位で、一ヴキエが一二アクチェとある。一ヴキエは約一二八三グラムで、当時の一アクチェは金約〇・〇二八グラムにあたり、金一グラム一一〇〇円としても、邦価約三〇円であるという勘定になるから、羊脂は、一ヴキエ約三六〇円であったこととなる。面倒であるからいちいち円換算せず同じ表中のオリーヴ油と比べると、一ヴキエのオリーヴ油が二〇アクチェで、羊脂はその六割と安いが、ドン・ヤーと呼ばれるこの脂は、むしろ蠟燭《ろうそく》用に多く用いられたようである。

これより少し上等の動物性油にクイルク・ヤーがあり、これは尾に脂のたまる特別の種類の羊の尾からとった脂で「羊尾脂」とでも呼ぶべきものであった。羊尾脂は、一ヴキエ一四アクチェで、これが庶民の料理用にはよく用いられた。しかし、それでも市販品はまだ高く、倹約家の主婦は、一年分用に、五〇から六〇ヴキエというから六五キロから七七キロの生の羊の尾を買い求め、羊尾脂をとって蓄えたという。

さて肝心のバターはといえば、同じ価格表に、最下級品でも一ヴキエ一六アクチェ、極上品ともなれば一ヴキエ二四アクチェもしたというから、華の君府の庶民にも、そうそう買い求め易い食材ではなかったことであろう。これに比べて乳製品のなかで、庶民にも手のとどき易い優等生は、前述の価格表で一ヴキエにつきせいぜいで三アクチェから四アクチェで、濃度の薄い下級品で二アクチェの品さえあるヨーグルトと、そして、チーズであった。

何故かペルシア語のパニールに由来するペイニルの名をもって呼ばれるチーズは、先の公定価格表でも、ヨーグルトよりは高いものの、バターよりはずっと安い生活必需品であった。勿論、チーズにもさまざまの種類があり、用法も、そのまま食する他に、料理の味付に用いたり、各種のパイ（ボレク）の中に詰めたり、また菓子種に混ぜてトルコ式チーズ菓子（ペイニル・タトルスゥ）を作ったりするのにも用いられた。ただ、数あるチーズのなかでも、今日のトルコ人がベヤズ・ペイニル（白チーズ）と呼ぶ、木綿漉し豆腐様の塩辛く酸っぱいチーズは、古漬の黒い塩漬オリーヴ（ゼイティン）とともに、トルコ人の朝食には欠かせぬ品であり、われわれの朝食にとっての沢庵漬がオリーヴとすれば、白チーズはさしずめ味噌汁にあたる食品である。

ここで、乳製品のヨーグルトやチーズの仲間で、われわれが見なれぬものにカイマクなるものがある。乳をあるいはそのままそっと放置し、より簡便には弱火でごく気長に煮たてて表面に生ずる膜をとり製する、トルコ式生クリームともいうべきカイマクは、作るにも手間暇がかかり、大量の乳からごく少量しか得られぬため貴重な食品であった。ちょうど泰西で洋菓子に生クリームがしばしば添えられるように、トルコ式焼き菓子に添えて供し、また、のちにはトルコ式アイスクリームなるドンドゥルマの材料ともなったカイマクは、高価なもの、貴重なものの代名詞として用いられる。「カイマクのような」といえば、白く滑らかなものを形容し、カイマク石といえば、雪花石膏《アラバスター》を指す。「何それのカイマク」といえば、その精髄、精華をさし、「カイマクを喰った」といえば、一番旨味のあるところをさらったことを意味する。乳製品の王子様ともいうべきカイマクについて、例の公定価格表では、不思議にも、品名は挙がっているが価格表示は抜け落ちている。

くさぐさの肉

大豆や麦を材料とする味噌や醤油のような植物製品を必需品としたかつてのわれわれの食生活に比し、畜産物のヨーグルトやチーズを必須とするトルコ人の食文化は、やはり遊牧の遺産を承け継ぐものであった。とはいえ、乳製品からさらに食肉に目を転ずれば、いかに遊牧の民の末裔たるトルコ人にとっても、肉は、決して一般庶民が日頃食しうるような手近な食材ではなかった。

そもそも、本来の遊牧民にとり、家畜は、農耕民にとっての果樹や作物と同じく全生活の源泉であり、最も貴重な財産であった。それゆえ、家畜から得た乳こそ、彼らにとっては果実にあたり、これを利用するのが生活の基本であった。他方、肉そのものは、間引きが必要となったような場合か、さもなければ、特別の御馳走を必要とする折に漸《ようや》く口にしうるものであった。遊牧民は、狩の成果を食して生きている狩猟民とは異なり、常日頃、肉を飽食するような生活を送っていたわけではなかった。このような事情は、遥かに中央アジアの遊牧の民につらなる、定住化したトルコ人にとっても、さして変わらなかった。肉は、やはり貴重な食材であり、帝都イスタンブルの民衆といえども、肉を食する機会は、徳川時代の江戸の庶民が、白魚さえ漁れる海を目の前にしながら、よほどのことがなければ魚など口にできなかったのに似ていよう。

先の一六四〇年の公定価格表に戻れば、現今の日本とは大いに異なり、トルコ人の間では珍重されることの少ない牛肉は、あまり旨くない雄の成牛はかなり安いが、より人気のある子牛になると、ずっと高く、人々の最も好む羊肉は、さらに高く、一ヴキエ（約一二八三グラム）九アクチェしていた。羊に次いで好まれる鶏《にわとり》はといえば、成鳥一羽一二アクチェ、ひな鳥一羽で八アクチェと、これまた当時としては、かなり高価なものであった。

それゆえ、毎日、肉を飽食しうるのは、大オスマン帝国の帝都イスタンブルの住民中でも、限られた特権者、富裕層にすぎなかった。それでも、庶民にとっても、肉、とりわけ羊肉は、できうれば飽食してみたい食材であり、かつ婚礼や祝祭の御馳走には欠かせぬものであった。

イスラムの「正月」、犠牲祭

とりわけ、これは君府の人々のみならず、イスラム教徒全員にとってもそうであるが、われわれの正月に匹敵する年中行事中で最大の祝祭は、犠牲祭であり、これは今も昔も変わらない。このムスリムにとって最大の年中行事もまた、肉と切っても切れないかかわりをもつ。イスラム暦の第一二月は、善きムスリムにとって財力と健康が許せば一生に一度は果たすべき聖なる宗教的義務であるメッカ巡礼を行うべき月、巡礼月である。

イスラムの戒律に定められたメッカ巡礼は、日時を問わずいつ行ってもよいというものではなく、巡礼月の七日から一三日までの定められた期間に戒律にのっとり行うことを要する。この巡礼期間の最中の巡礼月の一〇日には、メッカ巡礼者は聖地で動物を犠牲に捧げる。のみならず、巡礼に赴き得ない全世界のムスリムたちも、この日、犠牲を捧げる。そして、この日も含め巡礼月の一〇日から一三日までの四日間は、犠牲祭で、ムスリムの年中行事中、最大のものといえる。

アラビア語でイード・アル・アドハー、トルコ語ではクルバン・バイラムと呼ばれる犠牲祭に、分に応じて犠牲を捧げることは、貧者といえども切なる望みである。富者は何匹もの羊、ときには牛や駱駝《らくだ》の如き大型の獣を犠牲に捧げ、貧者も何とか痩せ羊一匹なりとも犠牲に捧げようと努める。このため、イスタンブルにも、犠牲祭の直前には夥しい数の生きた羊が、犠牲祭をあてこんでもたらされるのである。往時は、平常は生きた羊を市中で買うことが禁ぜられていた君府でも、犠牲祭のときには、無数の生きた羊が連れ来られた。アッラーのお恵みによって、首尾よく犠牲を捧げ得た人々は、その一部を食し、一部は貧者や知友に分かつ。君府の人々は、今も、犠牲の羊を食するときは、羊肉の細片の炒め物たるカヴルマの形で食することが多い。

この犠牲祭には食肉用の動物が必要必須であり、犠牲祭のときに羊が入手できないような事態が生ずれば、われわれでいえば正月に餅がないようなこととなる。かように、食肉は、人々の日常生活のみならず、宗教的祭礼にも密接不可分の食材であれば、オスマン帝国の当局にとっても、帝都イスタンブルの上下《しょうか》の人々のために、食肉を確保することは、重大極まる責務であった。

御用家畜商人と肉屋たち

帝都に食肉、とりわけ必須の食材たる羊肉を確保するために、旧時、オスマン政府は、ジェレプ、すなわち「持ち来る者」と呼ばれる食肉用家畜のための御用家畜商人を任じ、帝国の各地から、帝都へと羊をもたらしめていた。ジェレプたちは、各地に赴き、地方の司法と民生をあずかるその土地のイスラム法官の援助の下、公定価格に従って生きた羊を求め、これをイスタンブルに連れ来ったのであった。帝都にもたらされた羊は、犠牲祭のときを除き、原則としてすべて、これも政府の厳しい管理下にある食肉処理場（サルハネ）でさばかれ、肉屋たちの手に渡った。エヴリヤ・チェレビィの説くところでは、これまた甚だ大げさとは思われるが、君府の食肉処理人の店は二〇〇軒、人員は一〇〇〇人であったと称される。

肉屋（カッサーブ）のほうはといえば、エヴリヤ・チェレビイは、狭義のイスタンブルに加えて、西部のエユプ、金角湾を隔てて北のガラタ、そしてボスポラスとマルマラ海に隔てられたアジア岸のウスクダルの四つの地区を合わせると、総数一七〇〇名、九九九店舗あり、これに加えて、牛肉屋二〇〇名一〇〇軒、さらに加えて、「ユダヤ教徒の肉屋（カッサーバーヌ・ヤフディー）」が、二〇〇名五五軒あったと伝えている。これまた大法螺であろうとは思われるが、夥しい数の肉屋があったのは確かであろう。彼らもまた、厳しい公定価格の規制と当局の監督の下に、帝都の安寧にもかかわりかねない重要商品を商っていたのであった。

ここでわざわざ、エヴリヤ・チェレビィがユダヤ教徒の肉屋を別記しているのには、実は重要な意味がある。というのも、ムスリムは、イスラムの戒律にのっとり、「大慈大悲の神の御名において」との章句を唱えたのち、戒律に従って処理された肉のみを食しうる定めであった。ユダヤ教徒も、事情は似ていた。エヴリヤ・チェレビィの記述は、このことをふまえていたのである。

イェニチェリと「肉の広場」

こうして帝都の肉への需要は満たされたが、オスマン当局がとりわけ気をつかっていたのは、イェニチェリ軍団の兵士たちへの肉の供給であった。この軍団は、イスラム世界の辺境の戦士集団から興って大帝国を築いていく際に、騎兵として精強ながら自立の精神にあふれ扱いにくい原初以来のムスリム・トルコ系の戦士たちに対抗して、新たに軍事力の核とすべく養成された君主直属の常備歩兵軍団であった。

のちにまた詳しくふれるが、イェニチェリは、異教徒の異民族出身者をスルタンの奴隷としたうえでイスラム教徒に改宗させ特殊訓練を施した精強な軍団であり、コンスタンティノープル征服後は、いくつかの駐屯地に分かれて君府内に集住していた。彼らは、平時には官給の給食を受けるのではなく、俸給の他に毎週、各人食費を支給され、それをもとに部隊ごとに自活していた。

この精鋭軍団に、「食い物の恨み」を抱かせぬよう、オスマン当局は、今日のイスタンブルのアクサライ地区近辺にあったイェニチェリ駐屯地の一つに、イェニチェリ専用の肉屋を開き、特別価格で羊肉を供給することとした。この肉屋では、羊肉の一般公定価格がいくらとなろうと、イェニチェリには、常に一オッカ（一ヴキエ、約一二八三グラム）あたり三ア

祝祭の肉屋の行列。左側中ほどの屋台上で肉をさばいている

クチェで羊肉を売ることとし、時価との差額は、政府が公費で補助することとなった。

大好物の羊肉を安値で与えることで、イェニチェリの歓心を買い、帝都の騒擾《そうじょう》の種の一つを未然に防いだわけであるが、国家にとっては、これはなかなか高くついた。ちなみにオスマン朝も下降期に入ったのちの、回暦一〇七九〜八〇年（西暦一六六九〜七〇年）の国家の歳入歳出表には具体的数字が挙がっているが、この年のオスマン帝国中央政府の総支出は六億三七二〇万六三四八アクチェ、うち、兵員総数五万三八四九名に達していたイェニチェリ軍団の俸給総額が一億三三九六万八八五六アクチェ、そして、羊肉の特別廉価提供のための支出は八一二万二八〇〇アクチェであった。この額は、当時の国庫総支出の約一・三パーセントに達するから、羊肉代もばかにならない。

なお、このイェニチェリへの専売肉店は、イェニチェリ軍団の消滅とともに跡かたもなくなったが、今も「エト・メイダヌ（肉の広場）」の地名にその名残りをとどめている。

ケバブなるもの

肉、とりわけ羊肉は、オスマン帝国の政府にとり重要問題であったが、それはまた、肉類、特に羊肉が、上下《しょうか》を問わず君府の人々の最も好む食材であったからにほかならない。これほどに愛された肉の食べ方は、種々さまざまであった。しかし、われわれにとり、トルコの肉料理の代表例としてまず想い起こされるのは、何といっても焼き肉としてのケバブであろう。

もっとも、ケバブの語は、トルコ語では、「焼き肉」の意にはとどまらず、何よりも、直接火にかけて調理するか、ないしは、水を加えることなく、ボウルや鍋のなかで調理した肉料理を指し、ひいては、同様の調理法で調理された他の食材から出来上がった各種の料理等をも指す。それゆえ、ケバブといっても狭義の焼き肉だけではなく、水を使わぬ蒸し焼きも煮物も入り、また焼き栗なども、トルコ語では栗ケバブ（ケスターネ・ケバブ）と呼ばれる。

従って、肉、とりわけ羊肉のケバブにも、焼き肉型と、蒸し焼き型と、そして水を加えぬ煮込み型の三種があるわけであるが、われわれ日本人がトルコのケバブというとき、直ちに心に浮かぶのは、勿論、焼き肉型のケバブにほかならない。すでに古く、例の西暦一六四〇年附の君府の公定価格表でも、専ら焼き肉タイプの肉のケバブが二種、そして、その延長線上でジエル・ケバブ、すなわち肝臓のケバブが挙げられている。

現代イスタンブルのケバブ屋の店先

今日、イスタンブルでも、焼き肉型ケバブは盛況を極めている。ただ、焼き肉型ケバブの多くは、家庭で作るよりは、むしろ料理店、なかんずく、専門の焼き肉屋（ケバブジュ）で食することが多い。この点、本邦の鰻の蒲焼きほどではないが、事情は似る。そして、鰻重がそうであるように、外食店のケバブは、比較的高価な料理に属し、庶民が平常、毎日のように気軽に行って食するようなものではなく、いささか奮発して食する御馳走に類する。そのことはまた、遥か昔、オスマン帝国下の君府においても事情は変わらなかったと思われる。一六四〇年の公定価格表では、羊肉のケバブ（コユン・ケバブ）は、二〇ディルヘム（二〇分の一ヴキエ）一アクチェしており、羊肉そのものより、さらに倍以上高価であった。ちなみにここでいうケバブは、確証はないが、おそらくシシュ・ケバブ系のものであったのではあるまいか。

今日のイスタンブルのケバブ屋の店先で最も目につくのは、いうまでもなく、鉄の軸棒を中心として羊の薄切り肉を積み重ねて高さ二尺もあろうかという紡錘形に作り上げ、この肉の大紡錘を立てて横から焙る特殊の炉でくるくると回しながら焼き上げ、ほどよく焼けたところから薄く削り取って供する、ドネル・ケバブ（回転ケバブ）であるが、これはまず家庭では作らない。

ドネル・ケバブは、ときにピラフの上、通例は、ピデと呼ばれる偏平のパンに切れ目を入れたものの上にのせて供する。このドネル・ケバブは、さほど古くからあったものではないようであり、一六四〇年の公定価格表にもその名はみえない。また、これは、イスタンブルの名物とはいえない。ドネル・ケバブをベースとした料理で最も名高いのは、ピデ上にのせたケバブに、ヨーグルトとトマトソースと灼き溶かしたバターをかけて供するイスケンデル・

ケバブ、すなわち「アレクサンダーのケバブ」であるが、これは、オスマン朝の最初の首都、トルコの奈良というべき古都ブルサの名物であり、アレクサンダーのアラビア語形に由来するイスケンデルの名も大王にはあらずして、これを発案したケバブジュ（焼き肉職人）の名に由来するという。

羊肉のケバブのもう一方の雄は、羊の挽き肉に、塩胡椒、玉葱をすりおろした汁、刻みパセリ等を加えて練り上げ、これを串に竹輪状に巻きつけて炭火で焼いたシシュ・キョフテ（串焼き肉団子）、トルコ式羊肉つくねというべきものである。一六四〇年の公定価格表では、羊肉のキョフテ・ケバブの名の下に現れ、人手が加わっているためか、並のケバブより一割以上高い。このつくね式ケバブをピデ上にのせたものがウルファ・ケバブ（ウルファ風ケバブ）、それにトマトソースをかけたものがハレプ・ケバブないしハレプ・イシ（アレッポ風ケバブないしアレッポ作り）、唐辛子をきかせたものがアダナ・ケバブ（アダナ風ケバブ）等々であるが、ウルファは東南アナトリアの都市名、ハレプは、いわずと知れたシリアの古都アレッポ、アダナもまた東南アナトリア地中海岸、キプロスの対岸に近い古い街の名にして、むしろ地方風が売り物で、イスタンブルで美味に作られはするが、イスタンブル名物ではなく、またイスタンブルの家庭で作られる料理にもあらず、君府に伝えられた古料理書にもみえない。イスタンブル料理の精髄は、むしろ、もはや遊牧の遺産からは離れたところにあるのである。もっとも、ケバブジュの名は、エヴリヤ・チェレビィもその『旅行記』

中の君府職人尽しで挙げており、焼き肉型ケバブも古くから君府の食の一方の雄であったのは確かであり、また、一般の君府の人々も、行楽日和の折などは、金角湾西北方のかつての景勝地キャート・ハネや、黒海に近い名水の地「ベオグラードの森」などに遊楽に赴き、行楽先でケバブを作り楽しんだと伝えられる。しかし、現今のケバブ屋の隆盛、そして一般のトルコ料理店においてさえ焼き肉型ケバブがメニューで大いに幅をきかす状況は、古来の君府の伝統的料理の多くが、あまりに手間がかかるため、遊牧の遺産を継ぎつつ、より手軽な東南アナトリア方面のケバブの影響下に圧迫されているともいえる。

今日、ケバブ屋にて食しうるケバブ中、古料理書に見いだしうるのは実は、邦人にも最も親しい焼き肉型ケバブである、角切り羊肉の串焼きたるシシュ・ケバブくらいのものなのである。

古料理書に現れたケバブのいろいろ

すでに述べたように、ケバブの語は、元来はアラビア語起源であるが、トルコ語でも誠に古くより用いられ、オスマン朝の史書中でも最古のものの一つで一五世紀末に成立したアシュク・パシャ・ザーデの手になる『オスマン家の歴史』にも、焼き肉としてのケバブの語がみえる。また、同じく一五世紀後半に属するオスマン朝第七代メフメット二世時代の公文書類にも、しばしばこの語が現れる。しかし、これらの古文献からは、ケバブの種類と調理法までは詳《つまび》らかにし難い。

オスマン朝では、早くよりさまざまの材料、さまざまの調理法のケバブが存在したのは確かであるし、それらがオスマン文化の発展とともに多様化しかつ洗練されていったことにも疑いがない。そして、それはアラブ・イスラム文化とその他の諸文化の影響も受けつつ、単なる遊牧の遺産を、食文化においても超越していく道程であった。

料理書のほうも、アラブ圏、イラン圏には古くよりみられ、とりわけアラブの料理書は、一つの文献のジャンルをなすほどであったが、オスマン朝の人士の手になる、オリジナルの料理書は、残念ながら今日までに知られているところでは、漸く一八世紀後半に遡りうるにすぎない。オスマン朝のイスラム法学者層の頂点に立つ「イスラムの長老」職についたことのあるパシュマクル・ザーデの外孫とみられる匿名の人物の手になる料理書がそれである。『料理小冊』と題されたこの書は、長らく写本のままであったが、現代トルコ語表記版が刊行され容易に利用しうる。それには一二種のケバブの名を冠した料理が収載されているが、羊肉の焼き肉としてのケバブの項目は僅か三種にとどまる。その一つは、今日、ケバブというとすぐに想起されるシシュ・ケバブにほぼ近いもので、書中では、「クシュ・バシュ・ケバブ」と呼ばれている。クシュ・バシュは、大きめの賽《さい》の目に切る切り方である「クシュ・バシュ」に由来しているから、「賽の目切り（肉片）のケバブ」の意である。

調理法は、ほぼ今日のシシュ・ケバブと同様にて、胡桃《くるみ》くらいの大きさの賽の目に切った羊肉、ないし子羊肉を十分に塩胡椒をしたうえで、玉葱のおろしたものに漬け込み、これを串（シシュ）に刺して、中火で焼くというものであった。この項でこれの変種としてまた、「マフザル・ケバブ」なるものが挙げられているが、これは、前記の下ごしらえの肉片を羊の網脂で包んだうえで焼いた焼き肉で、今日では、少なくとも市中の焼き肉屋（ケバブジュ）では、見ることのできない、手の込んだ逸品である。

著者が最上等のケバブと称する「儀典官ナーイム・エフェンディ風ケバブ（テシュリファーティー・ナーイム・エフェンディ・ケバブ）」と名づけられた品は、林檎《りんご》大に切った羊肉に塩胡椒と潰した玉葱をまぶし少し押しをして慣らしたのち串に刺し、紙で包み弱火で焼くとあり、今日のトルコ料理の「紙焼きケバブ（キャート・ケバブ）」の一種というべき料理で、なかなか凝ったものである。他にも、一旦、下ごしらえして乳でさっと煮た羊肉の角切りを、改めて串に刺して、温めた乳に浸し浸し焼き上げる、「乳ケバブ（スト・ケバブ）」なるものも載っているが、これも肉と乳の味が入り混じり微妙な味のするケバブであったろう。

また、この料理書には、羊肉の焙り焼きではなく、「水を加えずにボウル中で調理したもの」としてのケバブのカテゴリーのほうに属する蒸し焼き・煮物型のケバブの例も含まれている。書中で「フルン・ケバブ（竈《かまど》ケバブ）」と呼ばれているのがそれで、みじん切りの玉葱をバターで炒め、そこに羊の挽き肉を加えてさらに少し炒め、塩胡椒を十分にしたうえで、ピスタチオ（フストゥク）とコリアンダー（キシュニチュ）を加え、羊の網脂で包み、トルコで特徴的な調理用具たる調理用円盤（テプシー）にとって、竈でじっくりと調理するというもので、これまた、今日では料理屋でもお目にかかりにくい手の込んだ品である。

ここまでくると、オスマン朝の古典的美食家の舌は、もはや遊牧の遺産を遥かに超えて、むしろ甚だ洗練された都市文化の所産となっていたことを知ることができる。

古料理書のケバブから今日のケバブへ

この料理書に載せられている羊肉の焼き肉としてのケバブの項目は全三種と数は少ないが、いずれもなかなか手の込んだ料理である。相当の美食家であったと目される匿名の著者が、わざわざ紹介するに値すると考え、また家庭で作るにふさわしいとて特に精選されたものだけが収録されたとみることができよう。そのことは、西暦一六四〇年の公定価格表では、羊肉のケバブとしては、最もシンプルな並の羊のケバブとつくね式ケバブたるキョフテ・ケバブの二種のみが挙げられていることと、対比すれば明らかであろう。

一九世紀になって初めて登場する、オスマン朝の刊本の形での初期の料理書のうち、最初のものたる一八四四年刊のメフメット・キャーミルの『コックの避難所』、そしてその改題版ともいえるのが一八八八〜八九年に刊行の同じ著者の『主婦』なる料理書、オスマン朝で第二に古い刊本の料理書で、『コックの避難所』のほぼ翻訳というべき、英国で英語で刊行された料理書、トゥラービー・エフェンディの一八六四年刊の『オスマン料理集成』、ここで第三番目の『新料理書』はおくとして、オスマン朝刊本の料理書として第四番目に古いもので、いずれも男性の手になる先行書に対し女性の手になる最初の料理書でもあり、その後も長らく版を重ねたオスマン朝末期の料理書の定番的存在、アイーシェ・ファフリエ女史による一八八二〜八三年に初版の出た『家庭婦人』等々を経て、長く影響を保ったのであった。

匿名氏の『料理小冊』になく、後続書に必ず所収されているケバブ中では、水なし煮込み型ケバブの代表格、タス・ケバブ（特製深鍋で調理されたケバブ）についてのみ、ここで紹介しておこう。「トルコ式羊肉シチュー」というべきこの料理は、塩胡椒した角切りの脂身の少ない羊肉を玉葱ジュースとともに鍋に密閉して、極く弱火でことことと途中で蓋をあけることなく焦げつかせぬよう長時間かけて煮上げるもので、簡素ながら君府の古典的肉料理の醍醐味を堪能させてくれる一品である。かつては、のちにも言及するイスタンブルきっての老舗料理店コンヤル本店のこれが、あっさりと誠に美味であったが、今では本来のレストラン部が閉じられて、その味も昔日のままではないようにみえるのは誠に淋しい。

ケバブのみが肉料理にあらず

このようにみてくると、確かに野趣を残し、遠く中央アジアに遡る遊牧の遺産を承け継ぐ料理としてのケバブ、とりわけ焼き肉型ケバブは、確かにトルコ料理の一方の雄ではあるが、そのケバブもオスマン文化の陶冶《とうや》を経て、少なくも一部はもはや君府の優雅な都市文化の一片と化していたことが知れる。また、トルコ料理中の肉料理のみをみても、ケバブは三タイプを含めてさえ、肉料理の全ヴァラエティーの極く一部を占めるにすぎないともいえるのである。ケバブ以外の肉料理の数々についてはまた、のちの巻にて詳述することとしよう。

ただ匿名氏の『料理小冊』にはなく、メフメット・キャーミルらの初期刊本料理書では「詰め物入りの子羊ケバブ（イチ・ドルゥ・クズゥ・ケバブ）」としてケバブに加えられている、「詰め物入り子羊の丸焼き」については、ここで一言しておこう。

子羊を皮を取り頭を取り蹄《ひづめ》も取ってよく清め、その内臓を取り去った腹中に、香ばしくバターで炒った松の実、香り高いカラントであるクシュ・ユズム（鳥の葡萄）、サフランなどを加えてバターで炒めた米を詰めて丸焼き、ないしは炉（フルン）で丸蒸し焼きとした料理は「クズゥ・ドルマスゥ（詰め物入り子羊）」と呼ばれ、君府の口の奢った人々にとっても、なかなかの御馳走であった。大きな宴会などで、これ一頭分が丸のままでんと鎮座して、宴会の豪勢さを誇示することもある。

この丸焼きも、ケバブより今はドルマ（詰め物料理のジャンル）に入れられているが、遊牧の遺産たる、素朴なただの羊の丸焼きであるクズゥ・チェヴィルメスィの伝統をまさに継ぐもので、別に具として出来上がった、香料を加えた精妙な味の特製のピラフなるイチュ・ピラフとともに食すると、遊牧の野趣と大都会の洗練が口中で入り混じるのである。勿論、食卓には、肉片を取り分け、詰め物のピラフを添えて供されることはいうまでもない。飴色に焼けた羊の香ばしい香りとサフランやクシュ・ユズムの香気は、君府の料理に慣れるにつれ、また食してみたいとの気をおこさせるのである。この大物の一品もまた、かつてコンヤル料理店では、誠に絶妙の出来ばえで供していた。

なお、この料理の同類には、鳥類の丸焼きに属する、タヴク・ドルマスゥ（詰め物入り鶏の丸焼き）、ヒンディー・ドルマスゥ（詰め物入り七面鳥の丸焼き）等々もあるが、いずれも、米国風のサンクス・ギビング・デーの詰め物入り七面鳥などよりは、遥かに美味に感ぜられる。

他の肉料理については、後の巻に委《ゆだ》ね、この巻を終えるにあたり、肉を原料とする加工食品と、食材としての家畜の肉以外の諸部分の利用法について、少しふれておくこととしよう。

肉製品のいくつか

まず肉を素材とする加工食品についてみると、われわれ日本人も西欧人から学んだハム、ベーコン、ソーセージは、トルコにもずっと後代に「洋風」食物として入ってきた。勿論、ムスリムにとっては、その場合も、豚は素材として禁物である。

しかし、多年、農耕漁労に携わってきたわれわれとは異なり、遊牧の世界に源を発し、その後も畜産と切っても切れない縁を結んできたトルコ人は、古くより何種かの肉の加工保存食と親しんできた。その一つは、トルコ式ウインナソーセージというべきスチュクである。勿論、豚肉は用いず、ウインナソーセージよりは、ずっと堅めにいかにも保存食風に出来上がってはいるが、じっくりとかめば、しっかりした歯応えとやや塩辛いが意外に淡白な味の楽しめる、めだたぬが味わいある食品である。このトルコ式小型堅ソーセージのスチュクの名は、すでに一六四〇年の公定価格表にもある。

いま一つ、むしろこれが本命の加工肉製品は、パストゥルマである。わが国ではイタリア名のパストゥラミとして知られる大蒜《にんにく》をきかせた肉の薫製は、古くよりトルコ人に知られ、その愛好品の一つであり、その名も、トルコ語のバストゥルマ（「押さえつける」の意）の語に由来するともいわれる。これは、そのままで、ごく薄く切って食するものである。主として山羊肉ないし、羊肉でつくられるこの肉製品の名も、一六四〇年の公定価格表にちゃんと載っており、しかも、やや安価な黒海西北岸から来るキリ・バストゥルマスゥと、そして少し高値の地元産バストゥルマ（イェルル・バストゥルマスゥ）の二種が載っている。お値段のほうは、決して安くはないから、これも貧しい庶民には求めにくかったかもしれない。

お頭焼きとパチャ・スープと

しかし、なんといっても、遊牧の遺産、家畜と多年慣れ親しんだ歴史が如実に表れるのは、食材としての家畜の利用法の徹底性と巧妙さである。海に囲まれ古くより、「鰭《はた》の広《ひろ》物《もの》、鰭の狭《さ》物《もの》」として種々の魚に親しんできた日本人が、魚については、肉は勿論、頭は鯛なら潮汁《うしおじる》、兜焼《かぶと》き、目玉もまた鯛なら眼肉として珍重し、魚肉つきのえらなどはあら煮、鰭《ひれ》までふぐの鰭酒《ひれざけ》にもみられるように、貴重な食材として殆どすべてを利用し尽すように、トルコ人もまた、食材としての家畜、とりわけ羊をそれこそ頭の天辺《てっぺん》から足の蹄《ひづめ》の先まで用い尽すのである。

このような伝統のなかで、羊の臓物（ジエル）を利用することはいうまでもない。とりわけ肝（カラ・ジエル）は、安価な御馳走で例の公定価格表にも載り、また、エヴリヤ・チェレビィの商工業者尽しにもジエルジ（肝屋）の名がみえる。羊の肝臓の温かい料理として、最も簡単なものは焼き肝（ジエル・ケバブ）であるが、これも、すでに公定価格表中にあり、またかの一八世紀の古料理書中にもみえるが、こちらは、肝を一旦、羊の網脂でくるんだうえで串焼きとする、一味違う高級料理となっている。肝料理としてはまた、細かく賽の目に切った肝を少し濃く塩胡椒してバターで炒め揚げとした、アルバニア風レバー（アルナヴート・ジエリ）なる一品もあり、これは、冷やしたものも、居酒屋の酒の肴として格好の品となっている。

肝は、人間様の食い物であるのみならず、トルコの猫の好物でもある。イスラム世界では、犬が豚と同様の不浄の生き物として嫌われるのに対し、猫は、預言者ムハンマド様も愛された動物だとて大切にされる。しかし、本邦の猫は魚を何より好むのに対し、君府の猫の餌といえば、肝と相場が決まっていた。信心深く猫好きの人のなかには、家の猫のみならず街路をうろつく野良猫たちにも餌を恵んで功徳を積もうと、行商の肝屋に、毎日決まった場所で決まった時間に決まった量の肝を猫たちにやるように頼み、その代金を払う人がおり、特別契約の肝屋が街に姿をみせると、辻々の猫がその回りに集まりまといつき、肝の馳走を待つのであった。この有様も、すでに一八世紀初頭のオランダ領生まれだが、故郷が仏領となり、フランス人となったファン・モールの手になる君府の風俗画中に残されている。

肝の次は、胃袋（イシュケンベ）にて、これは洗い清めて茹で上げ、きれいに下ごしらえしたのち、細かく刻んでスープとして食する。イシュケンベ・チョルバスゥと呼ばれるこのスープは、粉唐辛子と酢を加えて熱々で食すと、意外にさっぱりとして、冬の夜などによいものである。さらに羊の牡の睾丸《こうがん》もまた、「羊の卵（コチュ・ユムルタスゥ）」と称して、塩胡椒してさっとバターで焼くなどして食する。

臓物に加えて、手足のほうも当然ながら食用とされ、とりわけ羊の手先の軟骨部分は、豚足ならぬ羊足（パチャ）として、特にスープの素材となった。清汁《すましじる》の中によく煮溶かしたパチャをあしらった羊足汁（パチャ・チョルバスゥ）は、専らゼラチン質のみからなり、少

行商の肝屋。肝屋から肝をもらおうとする猫たち

しとろりとしているが、あっさりしたものである。このパチャも、公定価格表にも、それより遥かに古い一五世紀の古文書にも現れる、君府でも普及した古い食材であった。ボスポラス海峡アジア岸を遡ったところにある風光明媚のベイコズの地は、このパチャのスープで名高く、多くの羊足汁屋（パチャジュ）があり行楽の人々がこれを楽しんだものであった。

一六四〇年の公定価格表をみると、パチャは四本一組に頭も加えて値がつけられ、これを加工すると今度は頭と足先を別々に売る際の売り値が定められている。中国でも古く「羊頭をかかげて狗肉《くにく》を売る」というから、羊頭には狗頭よりずっと値打ちがあり、ときに肉の品質をいつわる看板となった。イスラム世界の多くの土地、そしてまた君府では、羊頭（クズゥ・バシュ）は、実際に美味な食材として、本邦の鯛の兜《かぶと》ほどではないにせよ、珍重された。羊頭を扱うバシュジュなる専門業者がすでに公定価格表にもみられ、羊頭を皮等を取り去って下ごしらえし、これを丸焼きとして、売るのである。今日も、イシュケンベ・チョルバスゥを供するイシュケンベジュ（臓物スープ屋）などでは、羊頭の丸焼きも供する。しかし、客に供するときは、さすがに丸ごとでなく羊頭の半身の肉の部分のみをほぐして盛りつけ、これに片方の目玉を添えて供する。もの慣れぬ邦人はぎょっとするが、われわれが大目玉をギョロリとさせた鯛の兜煮や潮汁《うしおじる》を何と旨そうなと思うのと同じく、君府の大方の人々は、これを誠に旨そうなと思うのである。やはり、農耕漁労をこととする豊葦原の千五百秋《ちいおあき》の瑞穂の国の民と、遊牧の遺産をどこかに承け伝える君府の人々とは、その食の文化と食文化上の感受性において、甚だ異なるところもあるのである。

ついでに、いかに羊は愚鈍なるところありとはいえ頭があれば、明敏ならざるも、その中身たる脳味噌もある。これも邦人には甚だ奇妙な食材に見えるが、中東、中央アジアを通じて優良なる食材の一つに数えられ、華《はな》の君府でも、あるいはそのまま茹でて食し、あるいは適宜切り分けて唐揚げとして供する。これまた、遠く歴史を遡る古くからの食材である。邦人にはこれに辟易《へきえき》する人も多いが、文化を異にすれば食材もまた異なるは世界の通例、本邦にて食の蘊蓄《うんちく》を誇る関西人にすら、大徳寺納豆ならいざ知らず、ぬっと糸を引く関東式の納豆には閉口する人が多いにもかかわらず、関東人はこれを美味なりとて毎朝欠かさぬ者も多いのであるから、遊牧の民の流れを汲む君府の人々と農耕漁労の民の末裔たる邦人の食の文化が、とりわけ食材としての家畜の利用法において大きく異なるのは、全く異とするに足りなかろう。

巻ノ三　ケバブのみがトルコ料理にあらず

中東、イスラム世界食都探し

遥か遠く遊牧の系譜につらなるとはいえ、トルコ料理はケバブのみに尽きるものではない。そもそも、中東通さえ誰しも、イスタンブルに遊ぶとき、君府の食の豊かさを満喫し、「アラブ、イランの文化も高けれど、やはり料理はトルコ、それもイスタンブルに限る」と感嘆に浸るのである。

いうまでもなく、中東、イスラム圏の三雄というべきアラブ、イラン、トルコのうち、イラン、アラブの地にも、旨いものがないわけではない。しかし、遠くイスラム以前の古代オリエント、ペルシア帝国の遺産をも承け継ぐイランでは、家庭の手作り料理はいざ知らず、外食文化は誠に振るわず、イランを旅するとき食堂で食しうる目ぼしいものは、ほとんどどこでも、たれつき焼き肉を刻みピラフにのせ生卵の黄身をあしらったチェロ・カバーブということになる。

アラブ圏は、イスラム文化発祥の地にて、イスラム世界の料理、食文化の淵源でもあり、古くより幾多の料理書の書かれた伝統をもつ世界ながら、少なくも現況では、「食はアラブに在り」とは、いい難い。アラブ圏中、バグダードのアッバース朝衰微の後、長らくイスラム圏の中心の地位を誇ったエジプトでも、悠久のナイルの恵みの下、食材豊富にして、カイロ名物鳩の丸焼き、兎《うさぎ》肉味のモルヘイヤのスープ、すり潰した豆製のさつま揚げ様の揚げ物等々、名物料理を楽しみうるが、なお変化に乏しい。古くより、東西交易の十字路として栄えてきたシリアも、アレッポのカバーブ・ハラビー（アレッポ風ケバブ）など、見るべきものなきにしもあらずではあるが、種類も個性もいまだしの感がある。しいて挙げれば、古代のフェニキアの地、レバノンのかつての国際情報都市ベイルートが、小なりとはいえ、食都として名乗りを上げうるにすぎない。

アラブ圏西半のマグリブも、チュニジア、アルジェリアではクスクスが名高いくらいで、僅かにフェスなどの古都を擁するモロッコの食の名声を聴くにとどまる。イスラム発祥の地、アラブ人の故郷《ふるさと》アラビア半島などは、少なくも今日のサウディ・アラビアに関する限り、伝統的料理は羊肉の煮込みと焼き肉くらいで、質実剛健というか、種類にも乏しく、未だ洗練をみない。

中東、イスラム圏中で、種類が最も豊かなのは現状ではトルコ料理であろうし、味のうえでトルコ広しといえども他に冠絶しているのが、君府イスタンブルなのである。

食都イスタンブルの外食文化の豊かさ

イスタンブルの街で、中東の他の街々に比し食のうえでとりわけ顕著なのは、食材と料理の種類の豊富さと、外食文化の甚だ発達していることである。君府の外食文化の幅広さと奥行の深さは、飲食店の種類の多さに端的に表れている。今日のイスタンブルの外食文化をみるに、舶来の仏蘭西料理等々はさておき、在来の飲食店の種類、誠に豊富である。今日、イタリア語起源のロカンタの名で呼ばれ、古くはペルシア語起源のアシュ・ハネと呼ばれた、料理一般を供する料理店は、最上級からごく庶民的なものまで千差万別ながら、その供する料理は、前菜、スープから、煮物、揚げ物、焼き物、ピラフ、デザートに水菓子と、多彩を極める。とりわけ庶民的なロカンタでは、入口に金属製の調理用大円盤（テプシー）を数多く据え下から弱火で温めつつ、顧客は好みに応じ目で見、指でさして料理を選べる。その際、種類の多さに目移りするほどである。

さらに、トルコ名物焼き肉については、専門店たるケバブジュ（焼き肉店）があり、種々の焼き肉を供する。しかも、少なくも近年は、トルコ各地特産のケバブを売り物とし、ブルサ風焼き肉店、ウルファ風焼き肉店、ガーズィー・アンテペ風焼き肉店などが、割拠するに至っている。

トルコ人は羊肉を好むとはいえ、肉は今も昔も高価で、野菜を多く用いた煮物料理を多く供するロカンタに比し、焼き肉店は、庶民には、本邦の鰻屋の如く、少し気張って出かけるところであるが、肉料理にも、もう少し気軽なものに、肉団子（キョフテ）の専門店キョフテジ（肉団子屋）がある。ここでは、ケバブの兄弟分というべき、親指の頭くらいに丸めた小ぶりの羊肉団子の歯ごたえの良いのを、ケバブより安価に供する。羊関係で最も安い店に、羊の胃袋のスープたるイシュケンベ・チョルバスゥを供するイシュケンベジュ（臓物スープ店）がある。羊の胃袋を洗い清め茹でて細かく刻んだ臓物スープは熱いのに赤唐辛子粉と酢を加えて食すると、冬の夜更けなど、夜鳴きそばをするに近い。ここでは、羊の「お頭焼き（クズゥ・バシュ）」や細切れ羊肝の油炒めの冷えたものも供する。頰肉を中心に目玉まで供する「お頭焼き」はやや値が張る。

いま一度、高級なところに戻ると、比較的新しく登場したものではあるが、魚料理店もあり、その延長線上には、数々の前菜（メゼ）の冷たいものや温かいものを供して酒を飲ませたうえで、魚料理も供するメイハネ（居酒屋）も、とりわけ景色の良い海岸近くに少なくない。

酒と酒場はさておき、食事から間食的なものに移ると、少し薄めのピッツァ皮のような台の上に、トマトとおろし玉葱と羊挽き肉を練って塗り、炉（フルン）で焼いたシリア、東南アナトリア起源とおぼしいラフマジュンを供するラフマジュン屋、イタリアのピッツァと同じくギリシア語のピタに由来する円形薄焼きパンたるピデ台に羊挽き肉や卵をのせ炉で焼いて供するピデ屋（トルコ風ピッツァ屋）もある。また、伝統的軽食として、中にチーズや挽き肉を詰めたパイ（ボレク）を供するボレクジ（パイ店）もあるが、パイは、甘味店に属する、ムハッレビジ（プディング店）やバクラヴァジュ（トルコ名物のパイ菓子バクラヴァ専門店）でも供するのである。

辛いものから甘いものに目を転ずれば、カフヴェ（コーヒー店）、チャイハネ（茶店）から、さまざまの菓子店、甘味飲料店も数多い。

かような君府イスタンブルの外食文化の華やかさは、都市文化の発達、ひいては、オスマン帝国の帝都として栄えたこの街の歴史に由来する。同時に、外食文化の幅と厚みは、この街におけるトルコ料理の発達洗練により、これも、オスマン文化の発達と密接に関連する。食文化の発展と料理の多様化を支えるのは、食材の豊富さであるが、これまた、君府の位置上の特色と、かつてのオスマン帝国の経済圏、通商圏の拡がりが、背景にあったことは、いうを俟《ま》たない。まさに君府イスタンブルが、中東、イスラム世界屈指の食都たり得たのは、ビザンツ帝国の首都、そしてオスマン帝国の帝都としての、この街の華麗な歴史に拠るところが大きいのである。

オスマン朝の始祖オスマンの羊

そもそも、ビザンツ帝国一千年の帝都コンスタンティノープルを、イスラム教徒のトルコ人の街としたのは、オスマン帝国であった。オスマン帝国の淵源は、一三世紀末のアナトリアに発する。一一世紀末以来、十字軍の進攻も切り抜けアナトリアの地に根付いたムスリム・トルコ系の最初の国家ルーム・セルジューク朝は、今日のトルコ共和国の首都アンカラの南方約二六〇キロメートルに位置する古都コンヤを首都として、一三世紀前半に最盛期を迎えた。しかし、日本をも襲ったモンゴルの脅威は、アナトリアにも及び、一二四三年この地に侵入したモンゴル軍に敗れたルーム・セルジューク朝はその属国と化し、衰退の一途を辿った。アナトリアは、天下麻の如く乱れ、ムスリム・トルコ系の君侯（ベイ）達や戦士（ガーズィー）達の割拠するところとなった。群雄割拠の形勢のなかで、一三世紀末、イスラム世界の西北の最辺境、イスラム世界とビザンツ世界の境界地帯たるアナトリア西北端に現れた、指導者オスマンに率いられた小規模なムスリム・トルコ系の戦士（ガーズィー）集団こそ、後年のオスマン帝国の前身であった。

伝説によれば、その始祖はセルジューク朝と同じく遠く中央アジアの遊牧トルコ民族の名族オグズ族のカユ部族長に遡ると称されるオスマン家の指導者に率いられた、騎馬戦士の一団は、一方では周辺の同信のトルコ系諸勢力と抗争しつつ、他方では辺境の地の利を生かし、アナトリア西北部にわずかに残るビザンツ帝国領を着々と征服し、オスマンの子の第二代オルハンの頃には、温泉と絹で知られたビザンツ都市ブルサの街を得て首都とし、君主の補佐者としてヴェズィール（宰相）の職を設け、他国から学者を招きこれにあて、精強ながら自立心に富むガーズィー達と並んで君主専属の常備軍づくりにもとりかかった。こうして、オルハン時代にオスマン朝は、アナトリア西北端をほぼ制圧して、ビザンツの帝都イスタンブルの目と鼻の先、ボスポラスを隔てた対岸の「ウスクダラ」の歌の故郷スクタリ（トルコ名ウスクダル）にまで進出したのであった。

この頃のオスマン朝の食文化について知られるところは甚だ少ないが、そもそも、ルーム・セルジューク朝の食生活そのものがなおかなり素朴なものであったようであるし、ましてその辺境に興ったオスマン集団では、初代オスマンの遺産は、古年代記の記すところに従えば、食に関するものといえば、塩壺と匙入れと、そして幾群かの羊くらいであったというから、当時の食文化も誠に素朴なものであり、遊牧の遺産を出るところは少なかったであろう。

金銀の食器を用いる王侯と化す

しかし、一四世紀後半、オルハンの子、第三代ムラト一世の時代に入ると、オスマン勢力は、君主直属の奴隷軍人からなる歩兵イェニチェリをはじめ常備軍を拡大強化するとともに、ムスリムとして初めて大挙してバルカンに侵入し、ビザンツの重要都市アドリアノープル（今のエディルネ）を征して、これを西方の拠点とし、宮殿を設けた。さらにその子で軍事的天才を謳われ「電光（イュルドゥルム）」の異名をとった第四代バヤズィット一世の治世には、一時アナトリアとバルカンの大半を制し、ビザンツ帝国の帝都コンスタンティノープルさえ、数次にわたり包囲した。バヤズィットは、一四〇二年、中央アジアの英雄ティムールとアンカラ近郊で戦って敗れ、オスマン帝国は、一時、分裂と滅亡の危機にさらされ、約半世紀の失地回復の時代を迎えた。

この頃になると、ムラト一世が、王子バヤズィット、後年の「電光」のためにアナトリアの君侯ゲルミヤン家より嫁をとったときには、オスマン朝の有力戦士エヴレノス・ベイが、黄金と銀の盆、銀の飲料壺、銀の水差しを献じたと、古年代記作家アシュク・パシャ・ザーデは伝え、電光バヤズィットは、大宰相チャンダルル・アリ・パシャの悪影響下に、彼とともに葡萄酒とケバブの宴をはったとも述べている。これが史実ともいえぬが、戦士集団から君侯国へ、君侯国から帝国へと発展するにつれ、オスマン朝の食文化も発達していったろうことは想像に難くない。

オスマン帝国の栄華はトルコ料理を世界三大料理の一つたらしむか?

雌伏五〇年、アンカラの敗戦後の危機を辛くも脱し、失地回復に成功したオスマン帝国は、一四五三年、バヤズィット一世の曾孫にあたる第七代メフメット二世の時代に、コンスタンティノープルを征服してビザンツ帝国を滅ぼし、この大都市に深く根をおろし、帝国の基礎を盤石のものとし、新帝都イスタンブルを新たな拠点として、独自の都市文化をはぐくみ始めた。

ビザンツ衰微の間、見る影もなくさびれたコンスタンティノープルの街は、新たにムスリム・トルコ系のオスマン帝国の帝都として、昔日の面影をとり戻し、東西交易の一大拠点としての賑わいも回復し始めた。さらに、一六世紀に入り、征服者メフメットの孫にあたるオスマン朝第九代セリム一世が、エジプト、シリアに拠りメッカ、メディナのイスラムの二大聖都の守護者として栄えたマムルーク朝を倒してその版図を加えると、イスタンブルは、イスラム世界西半の最大の都市へと成長していった。そして、セリムの子、オスマン朝第一〇代スレイマン一世の時代に、繁栄の絶頂を迎えた。「大帝」または「壮麗者」と称されたスレイマンの時代、その版図は、本来の中核地域アナトリアとバルカンに加え、北はハンガリー、南ウクライナ、クリミアから、南はアラビア半島の一部とモロッコを除くアラブ圏の大半を包摂し、オスマン帝国は、イスラム世界のスンナ派の盟主、前近代のイスラム世界の歴史の後半におけるイスラム的世界帝国と化した。

地中海世界のほぼ四分の三を支配下におき、北方は黒海、ロシア、ウクライナ、東方はペルシア湾、紅海を経て、インド、東南アジアからの物品の流れに連なったオスマン帝国の帝都イスタンブルには、遠く東南アジアやインドからの胡椒、肉豆蔻《ナツメグ》に肉桂《シナモン》、生姜《しょうが》等々の香料は勿論のこと、エジプトやキプロスの砂糖、イエメンの珈琲《コーヒー》等々、諸国の物産が集まり、諸文化の成果が流れ込み、その食文化はさらに豊かとなっていった。ここに開花したのが、欧米人さえ、東の中華料理、西の仏蘭西料理とともに、ときに世界三大料理の一つとするトルコ料理、そして、その精華というべきイスタンブル料理なのである。確かに、種類と洗練性の両面で中華料理には及ばぬかもしれぬが、中華料理とも西洋料理とも全く別系統の中東、イスラム世界の独自の料理の伝統を、華やかな形で承け継いだのが、トルコ料理、そして食都イスタンブルであるとはいえる。

同業者団体の行列と食物関係の業者たち

実際、一七世紀の君府の人で、オスマン領内を周《あまね》く旅した旅行家として名高いエヴリヤ・チェレビィの『旅行記』をみると、回暦一〇四八年（西暦一六三八〜三九年）に行われたという君府の商工業者の総ざらえというべき同業者団体（エスナフ）の行列には、一〇〇近い食物関係の商人と職人が加わっていた。これに加えて、イスラムの戒律によって飲酒を禁ぜられたムスリムにとっては本来は禁物であるはずの居酒屋（メイハネ）が、四七種もあったという。

一〇〇種近い食物関係の同業者団体のなかには、料理や菓子の原材料たる諸食材を作ったり商ったりしてかかわる者、これを加工したり加工された食料品を売る者、そして料理人と菓子職人などが含まれていた。原材料を扱う者としては、塩屋（トゥズジュ）、酢屋（シルケジ）、各種の水屋（サカ）、氷屋（原語では雪屋）（カルジュ）から、粉挽き（ディエルメンジ）、小麦粉屋（ウンジュ）、澱粉屋（ニシャスタジュ）、米商人、レンズ豆屋、油屋等が挙げられる。

肉類にかかわる者には、食肉用牧場（アウル）業者、食肉処理業者から始まり、各種の肉屋（カッサーブ）、羊頭屋（バシュジュ）、胃袋屋（イシュケンベジュ）、羊の臓物屋（コユン・ジエルジスイ）等々があり、肉から乳に目を転ずると、酪農牧場、羊乳搾乳業者（コユン・ストゥ・サアン）、牛乳屋（ストジュ）、羊乳屋などが並び、さらには、これから作られるチーズ屋（ペイニルジ）、トルコ式生クリーム屋（カイマクジュ）、ヨーグルト屋（ヨウルトジュ）などがあった。

肉は肉でも鳥肉のほうに関しては、別に鶏屋もある。魚屋のほうは、肉とは比べものにならぬほど、とるにたらなかったようだが、それでも魚屋と魚を料理して売る業者がいた。

青物のほうでいくと、まず八百屋（セブゼヴァートジュ）、野菜でもあるが少し調味料めいたものとして、大蒜《にんにく》屋、玉葱屋など、野菜の加工品としては漬物屋がある。これに加えて、出来た果物も売る果物農場や果物屋があり、どういうものか西瓜だけは西瓜屋と分かれており、果物関係の製品に関し、葡萄汁搾りがあった。果物から木の実に移ると、木の実や果物の種を扱う乾果屋（イェシュムジ）、炒り豆屋ならぬ、人気のある豆の一種を売る炒りひよこ豆屋がみられる。

少し高価な食材については、まず香料生薬商（アッタール）、特に貴重な竜涎香《りゅうぜんこう》については特別に竜涎香屋（アンベルジ）があった。安いほうでは、インド洋世界で人気のある嗜好品で一種の香料でもあるヘンナを扱うヘンナ屋（ヘンナジュ）、そして、中東名物の珈琲商

（トゥッジャール・カフヴェジヤン）がみえる。珈琲といえば、今日これに欠かせないのが甘味であろうが、甘味料を扱う者には、まず蜂蜜屋があり、ごく特殊なものとして砂糖屋（シェケルジ）があった。

麵麭屋とパイ屋と

少し手の込んだ加工食品を扱う業者に目を移すと、何よりもまず君府の人々の主食たるパンを扱う麵麭屋《パン》（ハッバーズ）がある。麵麭屋は、売るだけでなく、麵麭焼き竈（フルン）を備え、自ら麵麭を焼くのが通例だった。エヴリヤ・チェレビィは、イスタンブルの旧市街に加えて、ボスポラスを隔てた東側のアジア岸のウスクダルと、金角湾の北向こうのガラタと、そして旧市街の西側を護る大城壁の西郊のエユプの三地区も含めた、いわば「大イスタンブル」で、麵麭屋は九九九軒、麵麭職人は一万人と記しているが、これは彼一流の大法螺であろう。麵麭のついでに、麵類《めん》をみると、極く細い麵でスープなどに入れるシェヒリエを作り商うシェヒリエジなるものもあったが、本邦なら素麵屋とでもいうところか。変わりパンとしては、丸い輪型をして塩味で上に胡麻をふった堅焼きパンを売るシミットジ、上に黒胡麻によく似た香味種子をふった小さな丸い変わりパンたるチョレキを売る者（チョレクジ）をはじめとして、各種の変わりパンやビスケット、また小麦粉の練ったのを用いる各種の焼き菓子を作り売る各種の職人もいた。

これに加えて、甘辛各種のパイを作り売るパイ屋（ボレクジ）があった。エヴリヤ・チェレビィの商人職人尽しにみえる数多いパン、変わりパン、焼き菓子は、ほぼ今日も同じ名前で、店先で見かけ食することができる。

料理人尽し

さていよいよ料理人そのものに入ると、まず料理一般を作るコックがあるが、コックの同業者団体の奉ずる聖人は、人類の祖たるアダム（トルコ名アーデム）と、アブラハム（トルコ名イブラヒム）であったといい、やはり料理は人間に最も本来的なものとの意識が表れているかにみえる。

君府の食卓の豊かさの表れは、同業者団体を結成するほどにまとまった数で、普通の料理人の他に、特定の品目を専門とする、さまざまの種類のコックたちのいたことであった。まず肉料理についてみると、焼き肉屋は勿論のこと、肉団子屋、丸焼き屋（ピュルヤンジュ）があり、さらには肉の煮込み専門のコックとおぼしき者もみうけられる。また魚料理人も現れる。各種の純粋肉料理のコックから野菜を用いた料理を専門とするコックに目を転ずると、エヴリヤ・チェレビィは、詰め物入り野菜料理職人、野菜料理人、サラダ料理人などの行列を描いている。

これに加えて、各種のデザート、菓子、甘味を専門とする職人、商人が数多く挙げられている。個々の料理、菓子、デザートについては、のちに詳しくふれるが、これからみても、すでに一七世紀中葉において、イスタンブルの食の世界は、すこぶる多様であったことが知れよう。

巻ノ四　イスタンブルの市場めぐり

イスタンブルの市場のいろいろ

かように賑やかな料理職人の勢揃いが可能となったのは、食文化の発達とともに、オスマン人がイラン人にならい「水と空気（アーブ・ウッ・ハヴァー）」と呼んだ気候風土によるところが大きい。中東では比較的変化に富むアナトリアを中心に、広く周辺各地から君府に集まる食材が実に豊富で多彩だったのである。

食材をみるには市場《いちば》に赴くに如《し》くはない。今も、イスタンブルのそこここには、露店小屋掛けの市場が散在し、これは名高いグランド・バザールなどとは違い、日用雑貨や日常の食品を売っているから、ごく普通の庶民が群がり日々の買い物をしている。肉屋は通例、常設店舗だが、野菜、果物、魚などは、市場で売っていることのほうが多い。週に一回、曜日を定めて開かれる定期市もなお、イスタンブルの下町では盛んで、ここは物が安く新鮮だとて、下町の住人、気さくな庶民が週一回の市を楽しみに待ち、さまざまの日用品を求めにやってくる。この定期市には、君府の普通の庶民の食する品々のうち、肉類を除き殆どがある。羊はいないが、生きた鶏も売られている。

かなり高価高級にはなるが、新市街ベイオウル地区の目抜き通り、「独立大通り（イスティクラール・ジャッデスィ）」のほぼ中央を少し西に曲がった横丁には、土地の通《つう》にはよく知られた「バルク・パザル（魚市場）」があり、今日のイスタンブルの人々の食する海産物のほとんどが並んでいる。さらに、香料、珈琲、生薬の類、そして巣つきの蜂蜜、乾酪《チーズ》、パストゥルマといった保存のきく食物は、ガラタ橋南傍の、外国人にはむしろスパイス・バザールとして知られる、一七世紀中葉に出来たエジプト市場（ムスル・チャルシュスゥ）が、品揃えが多い。

食材尽しとしてのナルフ・デフテリ

昔時の君府の人々の胃袋を満たした食材を知るには、オスマン当局が必要に応じて発した諸物品のナルフ・デフテリすなわち公定価格表が、格好の手引きたりうる。ここで一六四〇年の公定価格表に戻り、回暦一〇〇九年（西暦一六〇〇年）附の公定価格表で補足しつつ、君府の食材尽しを試みることとしよう。

トルコ人、そしてオスマン帝国の人々の最大の好物は、くり返すが、肉、それも羊肉であろう。肉についてはすでにふれたが、いかに好物でも、肉は、皆が飽食しうる食材ではなく、まして、主食ではない。われわれにとっての米にあたる主食は、なんといってもパンであり、パンは、庶民は町内（マハッレ）のパン屋で、パン焼き竈で焼きたてのものを買うことが多く、当局もパンの価格は、「米騒動」ならぬ「麵麭騒動《パン》」の起こらぬようにと、厳しく統制監視していた。実際、一六四〇年の価格表でも、全品物のうち冒頭の章が「食材」にあてられており、食材の品目の冒頭に掲げられているのが、パンである。今日のトルコ語ではエクメキと呼ばれるパンは、その古形であるエトメキの名をもって記されている。この表には、正規のパンはただ一種のみ挙げられているが、一六〇〇年のものには「白パン」と「チャクル・エクメキ」なるものと二つが挙げられている。

当時から君府では、パンには丸みをおびたバゲット型の大型のパンと、インドのチャパティー、イランのナンの如き平たいお焼き状のパンがあり、一六四〇年の表のエトメキは前者であろう。バゲット型のパン中、特別の上製粉を用いた白パンを特にフランジャラと呼んだが、一六〇〇年の表の「白パン」はこれであろう。パンと並んで丸い輪の形の堅パンで、軽食用のシミットなるものも挙がっている。ちなみに一六四〇年の表におけるパンの価格は、一五〇ディルヘム、則ち約四八〇グラムで一アクチェ、つまり邦価格約三〇円であった。

こうして、主食については、素材よりは製品たるパンのほうが圧倒的に重要であったが、その材料でもある小麦粉についてみると、一六四〇年の表には、極上の白い精製粉であるダキク、シミット専用のシミット粉など三種あり、一六〇〇年の表ではさらに各種並んでいる。

準主食としては、地方では主食として煮て食する加工挽き割り小麦ブルグルが表中にあ

御前でのパン屋の実演。割礼の祝祭の慶祝行列の一場面

る。また未加工の挽き割り小麦もあるが、これはスープ用であったのであろうか。穀物等の粉にはさらに、二種の素麵（シャリエ）、そして澱粉（ニシャスタ）がある。澱粉は、とりわけ各種のデザート、菓子の材料となった。全粒の燕麦（シャイール）と大麦（アレフ）は、穀物類の項ではなく秣《まぐさ》の類と並んでおり、君府では、人間の食材より家畜の飼料と考えられていたのであろう。

米と豆と

日本人の必要必須の主食たる米は、トルコ人にとっては主食ではなく、副食であったが、値も高く、米のピラフは、なかなかの御馳走であった。一六四〇年の公定価格表でも、米はペルシア語に由来するビリンチェの名で、パンとではなく、豆類の項の前におかれている。

さて、豆のほうは、煮込みやスープの素材として、君府の庶民にとっては最も重要な蛋白源をなす副食物であった。豆のリストの首位には、すり潰して製するスープ（メルジュメキ・チョルバスゥ）でよく知られたメルジュメキが載っているが、これは、レンズあるいは算盤玉のような形をしているため、邦名ではレンズ豆と呼ばれる。レンズ豆の次には、ノフート、すなわちひよこ豆がきている。この、榛《はしばみ》の実に形も大きさも似た豆は、そのまま煮込みやスープにし、またピラフに炊き込み、あるいはすり潰してすり胡麻や香辛料を加えたペースト状のフムスとして、庶民の重要な蛋白源となった。この豆はひとたび炒ると、名前も一変してレブレビとなり、ナッツ類として今も盛んに食べられているが、このレブレビのほうも、一六四〇年の表に、ちゃんと載っている。他に豆としては、何種類かの空豆（バクラ）が表中にみうけられる。

野菜のいろいろ

野菜に目を転ずると、一六四〇年の表中、瓜（カバク）、人参（ハヴチュ）、蕪《かぶら》（シャルガム）、大根（トゥルプ）、キャベツ（ラハナ）、洋長葱（プラサ）と、一応各種揃っている。玉葱（ソアン）のほうは、野菜よりはむしろ調味料扱いで大蒜《にんにく》と並んでいる。確かに、玉葱は、トルコ料理では今日も、料理に仄かな甘味を添えるに欠かせぬ食材となっている。一六〇〇年の価格表では、一六四〇年の表にない野菜中、ビート（パンジャル）や、古くからの食材で、パトルジャンの名で知られる茄子が、ペルシア語起源のバンディジャンの名で挙がっている。

ここで茄子といえば、蕃茄、すなわちトマトは、今日では他の地中海料理におけると同様、トルコ料理においても欠かせぬ食材、調味料となっているが、周知の如く「新大陸」産であり、オスマン朝でも、「フランク人の茄子（パトルジャヌ・エフレンジ）」と呼ばれたが、いずれの価格表にも未だみえない。一八世紀の料理書にも登場せず、漸く一八四四年に刊行されたオスマン帝国で最初の刊本の料理書中にトマテズ（ドマテズ）として初めて現れ、一九世紀の前半まで君府の料理はトマト抜きであったと思われ、料理の味も今日のそれとは非常に異なっていたのである。

「新大陸」産といえば、馬鈴薯《じやがいも》も、今日ではトルコ料理の必須の食材であるが、これまた、一八四四年刊の料理書にパタテズの名で漸く登場する。甘薯《さつまいも》のほうは、今日でも、市場でみかけることさえほとんどない。瓜と同じくカバクと呼ばれる南瓜のほうも、「新大陸」原産で、なお一六四〇年の価格表にはみえぬが、少なくも一八世紀の料理書にある蜜瓜（バル・カバウ）なるものは南瓜であろう。他にもトルコ語で胡椒と同じくビベルと呼ばれるピーマンと唐辛子（クルムズ・ビベル）も新大陸産であるが、これらの名も、この価格表にはなおみえず、少なくも唐辛子は一八世紀の料理書あたりに現れる。

また在来種に戻ると、古くからアラビア語に由来するフヤールの名をもって知られた胡瓜が同表にみえぬのは不思議である。ちなみに今日のトルコでは胡瓜はサラタルク（サラダ用の材料）の名で呼ばれるが、これはごく近年に普及した名称である。

胡瓜はみえねど、菠薐草《ほうれんそう》（イスパナク）、パセリ（マイダノズ、一六四〇年の表ではミデノヴァズ）、セロリ（ケレヴィズ）、コス・レタス（マルール）、苦苣《にがちしや》（アジュ・マルール）などの青物の名が、一六四〇年の価格表に現れるが、これほど基本的な食材の名が、実はすべてギリシア語起源であり、オスマン帝国、そしてトルコの食の文化の重層性、ビザンツ、さらにはギリシアとの食材上の連続性を、如実に示している。なお、青物中、ペルシア語起源のパズゥの名で呼ばれる不断草《ふだんそう》は、何故か、一六四〇年の表中になく、一六〇〇年の表にのみ載っている。

葉といえば、一六四〇年の価格表に、「畑の葉（バー・ヤプラウ）」として、その乾燥したものと塩漬が載っている「葉（ヤプラク）」とは、いわずと知れた葡萄の葉であり、その中に米と松の実やクシュ・ユズム（カラント）を炒めて詰めた冷温二種の「葉詰め（ヤプラク・ドルマスゥ）」ないし「葉巻き（ヤプラク・サルマスゥ）」の材料として欠かせぬ食材である。

魚尽し

野菜尽しに続き、腥《なまぐさ》ものに移ると、魚の番である。トルコ料理というと羊肉料理を思い浮かべるが、イスタンブルを訪れたことのある人が、すぐにガラタ橋近隣の路傍の魚の揚げ物のサンドウィッチ売りや、ボスポラスの酒亭《メイハネ》の魚料理を思い出すように、魚もまた君府の名物である。ただ、魚を主とする日本料理とは異なり、トルコ料理は羊肉を中心としていることには、疑いはない。

それでも、今日、新市街の目抜き通りたる独立大通り中程の横丁の「魚市場（バルク・パザル）」を見ればわかるように、かなり豊富な品揃えである。そのことは、すでに一六四〇年附の公定価格表についてもいうことができる。そこで、少し君府の魚尽しを試みることとしよう。

トルコ語でバルクと総称する魚も主に目方売りであるが、最も高価なのは、不思議なことに沙魚《はぜ》の一種であるカヤ・バルウとひめじで、羊肉よりずっと高い。その次が鰻（ユラン・バルウ）と鱸《すずき》（レヴレク）であるが、鰻は今日のイスタンブルでもムスリムは余り食さぬから、誰が好んだのであろうか。これに、鯔《ぼら》（ケファル・バルウ）が続く。さらに鮃《ひらめ》（ピシ）、いぼ鰈《がれい》が挙がっている。「楯魚（カルカン・バルウ）」と純トルコ名で呼ばれるいぼ鰈は、冬の君府の魚の王様というべきもので、かつては、二五〜三〇年も生きるというこの魚の二〜三尺もある見事なものが魚屋の店先を飾っていたが、今は乱獲により激減し、一尺にも満たぬ小物しか見られないのは、誠に淋しい。ちなみに鮃といぼ鰈は、羊肉より少し安いくらいで、これまたかなり高価である。

これに続くのは、ニルフェル（鯵《あじ》）、「メルジャン・バルウ（珊瑚魚）」（鯛）、「クルチュ・バルウ（剣魚）」（旗魚《かじき》）、「カラギョズ・バルウ（黒目魚）」（鯛の類）、クルラングチュ（魴鮄《ほうぼう》）、ラピナ（遍羅《べら》）、イスパリ（鯛の類）、イスタヴリット（笠子《かさご》）、ウスクムル（鯖《さば》）、パラムート（鰹《かつお》）、ラケルダ（鮪《まぐろ》）等々であるが、これらのうちトルコ語源のクルチュ・バルウ、カラギョズ・バルウ、アラビア語源のメルジャンを除くと、他は殆どギリシア語起源であり、食材としての魚の名称に関し、古くよりのギリシアの食文化がいかにオスマン朝の食文化にも影響したかを知りうる。

キャヴィアと蝶鮫と

ここで、一六四〇年附の価格表を手懸りに魚市場をめぐるとき目を惹くのは、鮮魚のみでなく、各種の魚のバストゥルマ、鮪や鯖や蝶鮫《ちょうざめ》（モリナ・パルウ）などの酢漬も載っていることである。それに加えて生の卵か否か明示がないが、魚卵（バルク・ユムルタスゥ）なるものも載っている。魚の真子のことである。さらに興味深いのは、当時のイスタンブルの魚市場には、すでにキャヴィアがみられることである。価格表に、ハヴヤルとあるのがそれで、ハヴヤルはギリシア語起源で、欧語のキャヴィアとまさに同語源である。キャヴィアの値段はといえば、カスピ海ほどではないかもしれぬが、キャヴィアの産地である黒海を「われらが海」としていたオスマン帝国の帝都だけに甚だ安く、一ヴキエあたり一八アクチェ（邦価約五四〇〇円）にすぎない。

ちなみに、キャヴィアの親の蝶鮫の名は、この価格表には、モリナ・バルウとあるが、この親の名のほうはイタリア語起源で今は余り使われず、むしろアラビア語源の語とトルコ語から合成されたメルシン・バルウの名が用いられ、今も、魚市場に時に雄大な姿を現す。

地中海の葡萄と南国のレモンと

ここでまた青物に戻り、果物（メイヴァ）についてみると、これまたなかなか多様である。まず東方の中華にも元来はなく、西域からもたらされた葡萄《ぶどう》（ユズム）は、地中海世界の東北の一隅に興り、一六世紀中葉にはその四分の三を占めるに至ったオスマン帝国でも、広く栽培され、一六四〇年の価格表にも、ダマスクス葡萄（シャム・ユズム）、黒葡萄（シヤーフ・ユズム）、等々、五種を数える。ただ葡萄は、生食用もさることながら、赤黒両種の干葡萄はともに料理と菓子に広く用いられた。また鳥の葡萄（クシュ・ユズム）と呼ばれるカラントの干したものは、仄かな甘さと香りゆえ、ピラフに、またデザートのゼルデに、欠かせぬ食材であった。

地中海の葡萄とともに、君府の市《いち》には、泰西では南国の象徴の如きレモンも広く出まわっており、この価格表にも、リモンの名で現れる。果物のなかにレモンをも挙げてみたが、君府でのレモンの用法は、むしろ酸味用の調味料というべきもので、サラダにスープに揚げ物に絞りかけて、さわやかな酸味を添えた。かつてラマザン月の夜の富裕な人々の家の招宴では、果汁を絞りかけるときに種の落ちぬように、半分に切ったレモンを薄絹の小片に包み、美しい彩りの絹糸でしばり、食卓を飾ったという。

レモンと同じ柑橘類としては、一六四〇年の価格表には、甘トゥルンチュ（タトル・トゥルンチュ）と酸味トゥルンチュ（エクシー・トゥルンチュ）と二種のトゥルンチュなるものがみえるが、これは本邦の橙《だいだい》に類するものであろう。今日のトルコ語ではマンダリンと呼ばれ、冬の美味の一つとなっている蜜柑《みかん》は、未だこの表にみえない。名前からして、遥か後代、西欧人の手を経て、君府に伝えられたのであろう。日《ひ》の本《もと》にも、遥か昔、唐土より「非時香菓《ときじくのかくのこのみ》」すなわち橘《たちばな》として伝えられた蜜柑は、君府の人々には、真新しい冬の果物なのである。

今日のイスタンブルの冬の楽しみの一つは、小ぶりながら甘いオレンジを飽食しうることであるが、オレンジも、この表にはみえぬようである。泰西のオレンジの名は、ペルシア語のナーランジュに発するといわれ、古くはオスマン文献にも、ナーレンジュの名がみえるが、今日では「ポルトガル果（ポルタカル）」の名をもって呼ばれているのは不思議である。

「赤い林檎の国」

地中海の葡萄、南国のレモンの並ぶ君府の市にはまた、北国のシンボルというべき林檎《りんご》も並んでいた。トルコ語でエルマと呼ばれる林檎は、遥か西方の、オスマンの聖戦の的たる異教徒の国を指す「赤い林檎（クズル・エルマ）の国」というシンボルのなかで親しまれていた。とりわけ、黄金時代のオスマン帝国の最大の仇敵であったハプスブルク家の牙城ウィーンの街は、オスマン朝の聖戦の戦士たちの見果てぬ征服の夢の目標として、「赤い林檎」の都として長らく記憶された。

北国のシンボルともいうべき林檎は、一六四〇年の価格表では、鉄リンゴ（デミル・エルマスゥ）、麝香《じやこう》リンゴ（ミスク・エルマスゥ）、そしてシノプ産リンゴの三種が載っている。

シノプは、黒海沿岸の地名である。リンゴの値は、果物中でも最も安い。鉄リンゴだと甚だ安い。リンゴは、一七世紀の君府でも、庶民にとり最も親しみ易い果物であったろうと想像される。

本邦で、形と味の両面でリンゴとつねに並び称される梨についてみると、君府の梨は、基本的に、われわれが洋梨（ペア）と称しているものに属する。ここでも、われわれが「洋」すなわち「西洋」のものと思っているものが、西洋果物ではないことが知れるが、いわゆる洋梨もまた、この価格表にも今日のトルコ語と同じ、アルムートの名でみえる。洋梨といえば、その親戚筋というべき花梨《かりん》（マルメロ）も、今日でもトルコの食材の一つである。アイヴァと呼ばれるこの酸っぱい果物は、一六四〇年の表中には何故かみえないが、一六〇〇年の表には、ちゃんとみえる。

杏と李と桃と

今しばし、果物尽しを続ければ、今も初夏の果物である杏（カユスゥ）は、一六四〇年の表には、産地を異にする二種がみえる。また、ゼルダーレなるものもあるが、これは野生の杏であり、今は、市場ではみられぬようである。杏に最も近い果物といえば、李《すもも》であろう。トルコ語でエリクと呼ばれる李は、一六四〇年の価格表に、アナトリア東北部の古都アマスイヤの名を冠したアマスィヤ李、ベルグラード李、そして酸味のある李の三種類があり、酸つぱい李とは、今もまだ若い未熟な李を、ちょうど日本の青梅のように食するから、おそらくこれにあたろう。

李から、本物の桃に目を移すと、トルコ語ではペルシア語起源のシェフターレの名をもつこの果物は、何故か一六四〇年の公定価格表にはみえない。しかし桃が君府でも古くから知られた食材であったことに疑いはなく、事実、一六〇〇年の価格表には、確かに桃が載っている。トルコ語で、潑溂《はつらつ》とした若い女性を形容するとき「桃のような」と表現されるこの果物は、何よりも、オスマン朝の最初の都、古都ブルサ地方のものが有名であり、「ブルサの桃」といえば、甘美な果物の代名詞になっている。しかし、一七世紀のエヴリヤ・チェレビィの『旅行記』をみると、むしろブルサ特産の果物として特筆されているのは、桑の実で、七種の桑の実があり世界に名高いと、また大風呂敷を拡げている。桑は、確かにオスマン帝国随一の絹の産地として知られるブルサにふさわしい果物であるが、桑の実も、一六四〇年と一六〇〇年の表には何故かみえない。しかし、本邦のそれのような紫色のものに加えて、緑がかった白色のものもあるこの果物も、古くから君府でも食され、より古い古文書にもある。但し、トルコの桑は、大きさこそ本邦の桑に比し大きいが、味はそう甘からずさほど旨い物ではない。

花も愛でられるトルコの桜桃

薄桃色や白の杏の花、白い李の花、そして鮮やかなピンクの桃の花もまた、トルコの春の彩りであるが、花の美しい果物の代表格は、キラズ、すなわち桜桃《さくらんぼ》であろう。食しうる実を結ばぬゆえ「花より団子」の諺《ことわざ》もできた敷島《しきしま》の大和《やまと》の桜はトルコにはないが、キラズは、花も実も愛でられる植物であった。桜桃《キラズ》の花は、ヨーロッパ側のオスマン朝第二の首都エディルネ、かつてのビザンツのアドリアノープルの南方に位置するテキルダーが有名であるが、桜桃の実のほうは、今日の本邦で知られた淡色のそれとは異なり、濃い紫紅色で、味も甘味が強い。桜桃も君府の古い食材たることは、一五世紀の古文書より知れるが、一六四〇年の価格表にはなぜかみえない。僅かに、一六〇〇年の表に、干桜桃（クル・キラズ）を見いだすにとどまる。

ここでイスタンブルで邦人が桜桃を購《あがな》うとき、注意を要するのは、見た目が甘酸っぱい桜桃、すなわちキラズと寸分違わず、味のほうはただ酸っぱいだけのヴィシュネなる果物があることである。本物の桜桃のつもりで、ヴィシュネを買って食する者は、閉口すること請合いである。このスラヴ語に由来するという名をもつ果物も、一五世紀の文書にもみえる古い食材であるが、一六四〇年の表にはみえず、僅かに一六〇〇年の表に干ヴィシュネがみえる。この全く甘味がなく酸味だけ強い桜桃もどきとでもいうべき果物は、さすがの君府の人々も生食することはなく、専ら、シロップ水たるシェルベットやジャム（レチェル）、そして砂糖煮の材料としてのみ用いたが、とりわけ、酸味の強いヴィシュネのシロップ水は、今も、夏場には、最も甘《うま》い飲み物の一つである。また、今は、茶店で、冬も熱いヴィシュネ水を味わいうる。

瓜と西瓜と

今日の君府の夏の果物として、果物市場でわれわれの目を特に惹くものに、西瓜と瓜がある。「西の瓜」の名のとおりアフリカ原産で西域《さいいき》を経て東漸したと伝えられる西瓜は、トルコ語ではカルプズと呼ばれ、一六世紀に初めてこれに接したといわれる本邦の場合とは異なり、遥か古くより夏の果物であり、一六四〇年の表にはみえないが、一六〇〇年の表にすでにみえる。君府の西瓜は、巨大ではあるが、本邦の今日の西瓜の甘味に慣れた邦人の舌には、少々水っぽい。また西瓜は、その種の炒ったものが、君府の人々の好み食する食品であった。今も、誠に器用にさらさらとした皮をぷっと吐き出しつつ、この種の中身を味わう人々をみることができる。

われわれには、さほど印象的でない「本場」の西の西瓜に対し、夏の君府を訪れる邦人が讃嘆してやまないのは、カヴンと呼ばれるメロンのほうであろう。メロンといっても、直径二尺はあろうかという巨大な冬瓜のような瓜が本命であり、その僅かに黄味を帯びた白っぽい果肉は、甘い果汁に満ち満ちて、今日も人々の舌を楽しませている。これも、一六四〇年の表にはみえぬが、一六〇〇年の表にみえる。ただ、イラン通は、君府のこのメロンも、ペルシアのメロンには、かなうまいという。ちなみに、ペルシア語では、メロンのほうがハルプーゼと呼ばれ、こちらは言語上は、トルコ語での西瓜をさすカルプズと同じであり、西瓜のほうは、ヒンディヴァーネと呼ばれる。この西瓜のペルシア名は、実は、オスマン朝の一五世紀の古文書にも、用例がある。

石榴と無花果と橄欖と

君府の果物のなかで、いかにも西方らしい果物として、石榴《ざくろ》と無花果《いちじく》を挙げ得よう。石榴は、イラン方面原産で、トルコ語ではペルシア語起源のナルの名をもって呼ばれるが、古くは古代ギリシア神話で地母神デーメーテールの娘が冥府の王プルートーに連れ去られ彼のもとで冥府の石榴の実を食し、食した石榴の粒の数の月数だけ冥府にとどまることとなったとの神話さえあり、古くより地中海世界の食材でもあった。石榴は、一六四〇年の価格表に、これまたペルシア語起源のエナールの名の下に現れ、一六〇〇年の表では、二つの種類が挙げられている。石榴は、わが国では外来の果物で、かつ直径一～二寸くらいの小さなものしか思い浮かばないが、西方の石榴は、大人の拳《こぶし》から赤ん坊の頭ほどに大きく、その実の一粒一粒もゆうに小指の先くらいの大きさで、宝石のような紅《くれない》に彩られたほのかな酸味をともなう甘い味は、誠に好ましい。とりわけ、紅玉を溶かしたような鮮やかな色合いの石榴のジュースは、一度味わったら忘れ難い味といえる。

古い神話伝説につらなる西方の食材といえば、いま一つ無花果があり、すでに『旧約聖書』に現れる。アラビア半島から小アジアが原産地というから、まさにトルコが本場の無花果は、トルコ語では、何故かペルシア語起源のインジルの名をもって呼ばれ、一六四〇年の価格表に三種現れる。無花果は、生食するとともに、ジャムとしてまた乾無花果として、広く用いられた。

また、果物ではないが、やはり樹木の果実で、地中海のシンボルの一つであるとともに君府の食材中、最も重要なものの一つに、橄欖《かんらん》すなわちオリーヴがある。トルコ語では、アラビア語起源のゼイティンの名をもつオリーヴは、とりわけ塩漬として食され、白っぽい浅漬とまっ黒な古漬があり、とりわけ塩辛くしわのよった、さしずめ本邦なら古漬の梅干といった様子の古漬オリーヴは、君府の人々は勿論のこと、オスマン朝の人々にとって、われわれの沢庵漬や梅干の如き必須の食物、とりわけ朝食の必需品であった。今日でも、イスタンブルでトルコ風の朝食といえば、パンと白チーズと古漬オリーヴと相場が決まっている。

オリーヴは、オリーヴ油の材料として乳にある程度匹敵する食材でもあった。とりわけ、冷たい野菜料理には、ゼイティン・ヤール（オリーヴ油で調理されたもの）の名からも察せられる通り、必須の材料であった。ただオリーヴ油の用途は、バターや羊尾脂に比するとかなり限られ、とりわけ一度《ひとたび》、君府と地中海沿岸を去ってアナトリア内陸部に入ると、意外に普及していない食材であった。アナトリア内陸部では、バターと羊尾脂こそ、基本的な食用油なのである。

この対比にも、中央アジアに連なる遊牧の遺産と、地中海世界とが交わるトルコ、そして君府の食文化の重層性が如実にみられる。甘い果物から塩辛いオリーヴ漬に話題が転じたところで、まだまだ果物の話題も尽きぬが、果物尽しも涯《はて》がないので、木の実に話を移すこととしよう。

メッカの棗椰子とブルサの栗

本邦で果物、木の実の代表といえば、「桃栗三年、柿八年」の桃、栗、柿といったところであろうが、このうち往時の君府の食材中には、柿はなかった。柿は、おそらく近代に入り西欧経由でオスマン領に入ったものと思われ、そのトルコ名の一つは、「日本無花果（ジャポン・インジリ）」である。いま一つは、「トラブゾン・フルマスゥ」という。トラブゾンは、その昔、コンスタンティノープル征服の少し後までビザンツのコムネノス朝の流れを汲むトラブゾン帝国の都であったアナトリアの東北端の黒海岸の街であり、その近隣のリゼとともに、雨量が多く風土が日本に似るといわれる地域に属する。フルマとは、ペルシア語に由来し、棗椰子《なつめやし》をさす。

棗椰子は、中東では古代以来の食材であり、とりわけアラブ圏の代表的食材の一つをなす。確かによく熟れた棗椰子の実の乾したものの味は、干柿に似る。小は小指の頭大から大は親指の頭大のものまである棗椰子は、気候の暑い地域に生じ、トルコでは最東南部に産するくらいで、多くは、アラブ圏の各地からもたらされるが、とりわけ、アラビア半島、特にメッカ近辺のものが好まれる。君府の一六四〇年の公定価格表には、柿は勿論、影も形もないが、棗椰子のほうは、ちゃんと全粒のものと、半潰しにして固めたものと二種載っている。両方とも今日の市場でも購《あがな》いうるが、乾し固めた後者は、甘さとねっとりとした歯ざわりが、ちょっと羊羹のような趣である。

桃にはすでにふれたが、栗も、君府で好まれた食材であった。ギリシア語起源のケスターネの名で呼ばれる栗は、一六四〇年の価格表でもブルサ産、黒海産、そしてエーゲ海沿岸のイズミル産の三種があるのみならず、今日、栗ケバブ（ケスターネ・ケバブ）として秋から冬にかけて「火より熱い熱い」の呼び声とともに街頭で売られているものが、「栗の焼かれたもの」という無細工な名の下に載っている。また、「栗の煮込み（ケスターネ・ヤフニースィ）」なるものもみえるが、これは、今日の「ケスターネ・タトルスゥ（栗の甘煮）」の如きものであったかと思われる。ちなみに、古くより、栗は、オスマン朝最初の都ブルサの名物にして、価格表の栗の首位にも「ブルサの栗（ブルサ・ケスターネスィ）」があり、今日もその名声は高く、アルコールを用いぬマロン・グラッセというべきケスターネ・シェケリも今なお、トルコの奈良というべきこの古都の秋の味覚を彩っているのである。

木の実のいろいろ

さて、栗からさらに、乾燥したものを食する木《こ》の実《み》に目を転ずると、往時の君府の市場は、本邦に比しなかなか多様であった。これは正確には木の実ではないが、今日われわれが最もなじんだナッツというべき南京豆《ピーナッツ》は、トルコ語では、「土《つち》ピスタチオ（イェル・フストゥウ）」と呼ばれるが、蕃茄《トマト》、南瓜、唐辛子等と同じく「新大陸」の産であり、一六四〇年と一六〇〇年の価格表には、その名はまだみえない。

いま一つ、われわれのなじみのナッツたる胡桃《くるみ》は、トルコ名をジェヴィズといい、遥か昔からの食材で、勿論、一六四〇年の価格表にみえる。また、今はわれわれもなじんでいるが、本邦には舶来品として欧化とともに入ったとおぼしい扁桃《アーモンド》は、トルコ人にとっては、これまた古来の食材にて、ペルシア語起源のバーデムの名の下、一六四〇年の価格表にも載っている。

本邦では、まず西洋文学で名前になじみ、のちに現物も口にし始めたと思われる榛《はしばみ》は、トルコ語ではアラビア語に由来するフンドゥクの名をもつが、これも中央アジア原産ともいわれるから古くよりの食材で、一六四〇年の価格表にも載っている。フンドゥクは、今も青い殻つきのものとむき身のものをみかけるが、価格表でも両方がみられ、さらに炒り豆ならぬ炒り榛もある。

ピスタチオというとわれわれには、南欧を想起させるエキゾチックな木の実かと思うが、この緑色の美しい干果も、トルコ人にとっては親しい食材で、アラビア名を借りてフストゥクの名の下に古くより食され、一六四〇年の価格表には、勿論ある。異国からの落花生《ピーナッツ》を「土《つち》フストゥク」と名づけたことからも察せられるように、古来知られたこのピスタチオは、トルコ語では、何故か桃（シェフターレ）と並んで、みずみずしい若い女性の形容詞として用いられてきた。これらの木の実類は、主として乾燥したもの、あるいは炒ったものをそのまま食するほか、とりわけ、さまざまの菓子の材料として、また飾りとして、そのままで、あるいはすり潰して用いられた。なお、やはり木の実に類するものとして、ピラフやドルマ（詰め物料理）に、クシュ・ユズムとともに欠かせぬ食材たる松の実（チャム・フストゥウ）も、両価格表にはみえぬも、松（チャム）そのものは古くから土着することゆえ、実もまた古くよりあることは疑いをいれない。

酢と塩と

さて、食材を求めて、オスマン当局の公定価格表を手がかりに昔時のイスタンブルの市場めぐりを続けてきたが、生鮮食料品と乾物から、調味料に目を転ずると、まず酸味を添えるための調味料に、レモン汁（リモン・スユ）もあったが、これは高価で、酢（シルケ）が安く広く用いられたのであろう。ちなみに、オリエント急行の始発駅の地名、シルケジは、酢屋の意である。

料理の味つけに、酢より大切なのは、いうまでもなく塩であるが、塩は、一六四〇年の価格表には三種挙がっており、安いほうでは、ケフェの塩とトゥズラの塩の二種が挙がっているが、ケフェとは、クリミア半島のカッファ、トゥズラは「塩田」ないしは「岩塩鉱山」を意味するが、キプロス島のニコシア（レフコシャ）近郊のトゥズラのことと思われ、キプロス（クブルス）はオスマン朝時代には塩の産地として名高くこのトゥズラの地は塩田で名高かった。

これに対し、上等品は、エフラクの塩であったが、エフラクとは、現在のルーマニアの南半にあたるワラキアのことにて、ワラキアは、岩塩で名高かった。このワラキアの塩は、ケフェやトゥズラの塩の倍近い高値であった。さすがに、三大陸に勢力を張ったオスマン帝国だけのことはあり、食生活の最も不可欠な調味料たる塩でさえ、遠く黒海を隔てたクリミア半島や属国のワラキア侯国、そして、一六世紀末の一五七一年になってヴェネツィアから奪ったキプロスといった、さまざまの来歴をもつ土地から、取り寄せていたのであった。

蜂蜜と葡萄蜜と

味に健康に塩ほど大事な調味料のないことも確かであるが、少なくも表向きには酒をたしなまぬことになっているイスラム教徒の君府の人々にとって、塩と同じほどに大切なのは、甘味料であった。しかし、甘味料の定番ともいうべき砂糖は、非常に高価な食材であり、さすがの君府の庶民にとっても、高嶺の花であり、かつ、のちに述べるが、砂糖は、徳川時代の江戸における と同じく、食料品屋の扱うものにあらずして、薬屋の扱う品目であった。

そこで砂糖はひとまずおき、君府の庶民の甘味料につきみると、まず第一は、蜂蜜（バル）であった。蜂蜜は、一六四〇年の価格表で、アラビア語起源のアセルの名の下に載っており、精製蜂蜜、アテネ（アティナ）産蜂蜜、そしてクレタ島産のシャムランド蜂蜜の三種が挙がっており、砂糖の四分の一から五分の一のお値段で、これでも安くはないが、庶民にも手が届いた。蜂蜜が甘味料の中心を占める時代は、君府でも、少なくも一八世紀末まで続いたから、昔時の君府の菓子や甘い飲み物を考えるときには、そのかなり多くが蜂蜜味で今のものとは少々趣を異にしたであろうことを心にとどめておく必要がある。

蜂蜜とともに、庶民の甘味料として活用された今一つの食材は、葡萄を原料とするペクメズであった。これは、葡萄汁を濃く煮つめ溶けた蜂蜜くらいの濃さにしたもので、一六四〇年の表では、蜂蜜のさらに半値であり、砂糖の一〇分の一の値であり、蜂蜜とともに庶民の主要甘味料であった。このペクメズには、ワイン等と同じく、濃い葡萄色のものと淡緑黄色を帯びた白っぽいものと両種あった。このペクメズこそ、本邦の砂糖以前の時代における柿の皮や甘茶や甘茶蔓にあたるであろうが、葡萄蜜とも呼ぶべきこのペクメズは、本邦のこれらの甘味料よりかなり甘い。

ペクメズを濃く煮つめたのをブラマと呼び、一六四〇年の価格表にもあるが、ペクメズより二～三割高いくらいで、これまた比較的安価であった。同じ表のアーダは、アラビア語のアキーダのなまった語であるが、ここでは、葡萄汁をさらに煮つめ半固形となったものであろう。

生薬商の縄張りとしての砂糖

蜂蜜や葡萄蜜はしかし代用甘味料にとどまり、甘味の本命は、やはり砂糖である。今日の英語のシュガー、独語のツッカー等々の語源となったアラビア語のスッカルの名を受容してトルコ語では古くはスッケル、ないしはシェケルと呼ばれた砂糖は、イスラム世界では、ごく古い食材であった。専ら甘蔗《さとうきび》を材料とする甘蔗糖は、原初のオスマン領では生ぜず、キプロスやエジプトからもたらされた、それこそ舶来の貴重品であった。

一六世紀に入り、前半にはエジプトも手中にし、後半にはキプロスも得たのちも、砂糖はやはり高価な貴重品であり、甘味料の本命として代表的食材ながら、食料品商によってではなく、生薬商（アッタール）の取り扱うところであった。このあたり、やはり一八世紀末に讃州和三盆糖の製法が開発されるまで、白砂糖を中国からの輸入に頼っていた本邦において、白砂糖が薬種商の扱うところであり、和製白砂糖が出現したのちも、幕末までそれが続いたのに似る。砂糖は、一六四〇年の公定価格表の生薬商の商品の項の冒頭に位置を占め、精製砂糖が一ヴキエ（約一二八三グラム）六〇アクチェ（邦価一八〇〇円）、粗製の赤砂糖でも四〇アクチェで、蜂蜜、ペクメズとは比較にならぬほどに高い。この価格表でさらに高価なのが「ネバート・シェケリ」なる砂糖で、これの白く極上のものは一ヴキエにつき一〇〇アクチェ（邦価三〇〇〇円）もし、目がとびでるほど高い。それゆえ、砂糖は、君府の庶民にとっても、江戸の庶民にとってと同じく、とても口にできぬ最貴重品であった。

珈琲と茶と

砂糖に話が及んだから、今度は、砂糖と切っても切れぬ関係にある珈琲と茶にもふれておこう。今日、イスタンブルというと、カフヴェ、チャイハネがつきものだが、茶がトルコで広く飲まれ始めたのは、せいぜいで一九世紀後半以降にて、一六四〇年の価格表にも、影も形もない。

珈琲のほうは、この価格表の生薬商の取扱い品目のなかで、砂糖に次いで二番目に挙がっており、三種のコーヒーが並べられ、その最も高いもので四ディルヘムあたり一アクチェで、四〇〇ディルヘムが一ヴキエだから、一ヴキエにつき一〇〇アクチェ（邦価約三〇〇〇円）、最も安いものでも、一ヴキエ五七アクチェというから、非常に高価であった。コーヒーぬきのイスタンブルの庶民など、今日では考え難いが、この頃には、コーヒーすら、一般庶民には高嶺の花であったのであろう。というのも、珈琲もまた、君府の人々には舶来品で、その原産地はエティオピアといわれるが、君府には、主としてアラビア半島南端のイエメンから、はるばる紅海を通りエジプトを経てもたらされていた。そして、君府におけるコーヒー（カフヴェ）の飲用も意外に歴史は浅く、一六世紀前半にコーヒーが君府にアラブ地域経由でもたらされ、カフヴェ（珈琲店）に至っては、漸くスレイマン大帝の治世の後半、回暦九六二年（西暦一五五四〜五五年）になり、シリアのアレッポ出身の二人のアラブ人が店を開いたのをもって嚆矢《こうし》とするといわれている。珈琲伝来以前の君府の人々は、香料や果汁入りのシロップ水たるシェルベットを、たしなんでいたのである。西洋のデザートの氷菓シャーベットの語源となったシェルベットについては、のちにまたふれることとしよう。

地中海のスパイスとハーブ

君府の昔の食品市場めぐりを長々と続けてきたが、香辛料の市場を少しみて、打ちどめとすることとしよう。スパイスとハーブもまた、主として生薬商とそして香料商（バハラートチュ）の縄張りに属していたが、スパイスとハーブには、いわば国産というべき地中海産のものと、舶来品というべき、遠くインド、東南アジア、中国などからもたらされるものがあった。

地中海の香辛料のうち、その代表的なものはザフラン、すなわちサフランであり、可憐な花の雄蕊《おしべ》から採れる鮮やかな黄色の粉は、香りづけに、また黄色の食用色材として、ピラフその他のために、不可欠の存在であった。サフランと地中海の結びつきは、古代クレタの壁画にもみられるように古く、われわれにもすでになじみ深いものとなっている。いま一つ、君府の人々にとり、代表的な国産香辛料の一つは、サクズ、すなわち乳香樹の樹液であり、これは飴や菓子に、不可欠の香りであった。ちなみに、サクズとは、元来はエーゲ海アジア岸のキオス島のことである。これに次ぐのが、キムヨン、すなわちクミン（馬芹）、アニソン（アニス）等々であったろうか。これらは勿論、一六四〇年の価格表にも、なかなか高価ながら名をつらねている。

香料市場にて

最後に、とりわけ西欧人にとって、東方への憧憬の一つの根底となったインド、東南アジア、中国からの香料について、香料市場を少し覗きみることとしよう。今日、西欧人にスパイス・バザールとして名高い君府旧市街のガラタ橋南側のエジプト市場（ムスル・チャルシュスゥ）の成立は一六五〇年代となるから、これまで君府の市場歩きの手引きとしてきた一六四〇年の価格表の時代には、まだ影も形もなかった。しかし、不良なる肉を食するために必須の東方の胡椒等の香料の高価さが中世の西欧人を発奮せしめて、インド、東方への道を求めて大西洋に乗り出させ、ついにいわゆる西欧人の「大航海時代」の開幕をもたらしたのは、ムスリムによる「香料の道」の掌握であったのであるから、一六世紀にカイロをも制してイスラム世界の中心都市となった君府の市場には、東方からの香料が、ふんだんに並んでいたことはいうを俟たない。

一六四〇年の価格表には、胡椒（ビベル）は勿論のこと、肉桂《シナモン》（ダルチン）、丁子《クローブ》（カランフィル）、肉豆蔻《ナツメグ》（ジュヴズィ・ベッヴァー）、大黄（ラーヴェンデイ・チニー）、タマリンド（デミルヒンディー）、生姜（ゼンジビィル）等々、主な香辛料が、名をつらねているのである。そして、さらに高価なものでは、竜涎香《りゅうぜんこう》（アンベル）、麝香《じゃこう》（ミスク）もあった。

さて、イスラム世界のスパイスとハーブについては、きりがないから、この辺で、食材を求めての君府の市場めぐりから、豊富な食材を生かした、君府の料理の世界へと入ることとしよう。

巻ノ五　君府料理尽し

君府の食の世界の手引きとしての料理書

前巻にて、イスタンブルの市場《いちば》をめぐり、食材尽しを試みたように、過ぎし日の君府の料理の品目尽しを企てるとすれば、昔時の料亭、飯屋の献立表も今に伝えられてはおらぬことゆえ、やはり、料理書についてみるのが、正攻法であろう。君府で行われた料理の品目を探るに役立つ料理書といえば、まず、すでに巻ノ二にて紹介した、オスマン朝の匿名人士の手になる現存の最古のオリジナルな料理書たる『料理小冊』に遡るしかあるまい。さりながら、この小冊子は、何分にも小篇にて、体系的にトルコ料理尽しを試みたものには非ずして、主として、著者の印象に残った新奇な料理の数々についての、覚書とでもいうべき面をもつ。実際、そこに載せられたる品目は、全一二八種にて、その半数近くはデザート及び漬物からなる。

これに対し、オスマン朝最初の版本の料理書たるメフメット・キャーミルの『コックの避難所』（一八四四年）は、基本的には『料理小冊』に従いつつも、これより遥かに詳しく、当時のトルコ料理の全容を体系的に示すことを目指したものと思われ、所収の品目も、甘辛含めて、二三九種に及ぶ。そして、若干、西洋料理も入り込んではいるものの、その殆どは、純トルコ料理である。

トルコ料理に関する第二番目の刊本の料理書は、一八六四年にロンドンで出たトゥラービー・エフェンディの『オスマン料理集成』にて、ほぼ『コックの避難所』の抜粋英訳というべき書であるが、ここには漬物、シロップ等を除いても、二一三種の料理が載っており、いずれも、トルコ料理を英国の紳士淑女に紹介するという著者の意図からして、古くよりのトルコ料理からなる。

『コックの避難所』の変形というべき、オスマン朝第三の刊本の料理書たる無名氏の『新料理書』は、小冊なるゆえしばらくおくとして、第四番目の版本の料理書で、御婦人の手になる最初の料理案内たる、アイーシエ・ファフリエ女史の名声高く長らく版を重ねた『家庭婦人』（初版一八八二～八三年刊）には、漬物も含めれば七〇〇種を超える料理が含まれるが、ここには西洋料理も入り込んでいる。

そこで、ここでは、主として一八世紀の『料理小冊』と、そして、一九世紀の『コックの避難所』、『オスマン料理集成』を手引きとしながら、『家庭婦人』も随時参照しつつ、君府の料理の数々を、味わってみることとしよう。

スープのいろいろ

トルコ料理でも、最も単純ながら基本的な料理は、いうまでもなくスープである。チョルバ、古くはショルバないしシュルバと呼ばれたスープは、貧者にも富者にも、食卓に欠かすことのできぬ品目であった。アイーシェ女史の『家庭婦人』にはトルコ風洋風を含め二五種に及ぶスープが載っているが、『料理集成』では二一種、『コックの避難所』でも第一章に六種ある。

『料理小冊』でも、第一章はスープの章であり、ノフート、すなわちひよこ豆をすり潰して鶏のスープでのばしたポタージュたるノフート・アーブに加えて、魚スープ、レバー・スープ、そしてタルハナのスープなるものが載っている。タルハナ・スープなるものは、極上の白パンたるフランジャラの皮を除いたパンの中身をヨーグルトに漬けてすり潰して一晩ねかせ、これに、鶏スープか肉のスープを加えて塩味をつけた、これまた少し酸味のある軽いポタージュである。

古料理書にみえるこれらのスープを、今は、イスタンブルのロカンタ、すなわち料理店で見いだすのは難しい。しかし、『コックの避難所』に、主に婚礼用として載っている「酸味スープ（エクシーリ・チョルバ）」は、今日では、通例「婚礼スープ（ドゥユン・チョルバスゥ）」の名の下に、よく見かける。ただし、この書では、少し脂身のある羊肉を小さな角切りとして適量の水を加えて煮て、火が通ったところで、篩《ふるい》でふるった小麦粉を水溶きした

オスマン軍営で食べ物を売る商人たち

のを加えてよく煮込み、これに別に卵に酢かレモンを加えて溶き弱火で火を通したものを加えて、塩と胡椒と、そして肉桂で味を調えるとあるが、今日、ロカンタで供されるものには、羊肉の影は殆どみられない。

『料理集成』になると、羊の胃袋スープ（イシュケンベ・チョルバスゥ）の如く実質のあるスープも、肉スープにトルコ素麺というべきシェヒリエを加えた、さっぱりとした清汁のシエヒリエリ・チョルバスゥも、入っている。このスープなど、淡白で邦人の口にも合うが、一般にスープには、レモンを添えて絞り込み、酸味をつけて飲むのが、トルコ式である。

今日のイスタンブルのレストランで最も代表的なスープは、ひよこ豆ならぬレンズ豆（メルジュメキ）をすり潰して作るポタージュ、メルジュメキ・チョルバスゥであるが、これは古くからの料理であるにもかかわらず、料理書としては、アイーシェ女史の『家庭婦人』に初めて登場している。これにも、トルコ式にはレモンを絞って食するが、少し黄味がかったベージュ色の、とろりとしてはいるが淡白なこのポタージュも、邦人向きといえよう。

パイは、甘いものにあらず

古料理書の『料理小冊』では、第一章がスープで、第二章には小麦粉を用いた各種の焼き物として、ボレキと呼ばれるパイと、各種の焼き菓子があり、第三章では、他の菓子類につき述べられている。甘味については後述するが、ボレキは、古来のトルコ式パイにて、パイといっても、菓子でなく辛いのが普通である。今日、イスタンブルで、本格的に食事をするときには、スープの次には、冷たい野菜料理か温かい塩味のパイ、あるいは、その両方をこの順でとることが多い。

『料理小冊』には六種のボレキが載っているが、『コックの避難所』では、第五章がすべてボレキにあてられ、一五種もの甘からぬ肉やチーズ入りのボレキが挙がっている。そのなかには、今日もイスタンブルで朝食に昼食に広く食されるスゥ・ボレイ、文字通りには「水パイ」もある。トルコのパイ皮は、ユフカと呼ばれ、小麦粉にバターならぬ卵を加えて延べて作るが、「水パイ」の名は、一旦茹でたユフカを用いることに由来し、直径二尺くらいもある円盤（テプシー）にバターをひき、通常のユフカを下に敷き上に茹でたユフカを積み重ねその間にチーズか挽き羊肉をあしらい、一番上にまた生のユフカをのせて竈《かまど》で焼くのである。スゥ・ボレイにも、ピンからキリまであるが、良く出来た熱々のものを、ヨーグルトから作る酸味のある白色の飲み物なるアイランと食すると、他に替え難い。このパイは、昔の料理書の製法も、今のものも全く違わない。

今日のイスタンブルの外食の世界では、少し変わったものとなった、タタール風パイ（タタール・ボレイ）なるものも載っており、塩水のみでパイ皮を延べ中に挽き肉を入れて大きめの鍋で焼き、のち熱して溶かしたバターと胡椒とヨーグルトを加えて食すとある。少しものが違うが、タタール・ボレイなるものは、現代のイスタンブルでも、古くはタタール人、すなわちモンゴル人の建てたクリム汗国に属していた地域であるクリミア出身の、既にトルコ系のクリム・タタール語を話すようになっていたタタール人が多く住むシェヒル・エミニ地区に、これを供するパイ屋（ボレクジ）があり、味のほうは、やや脂っぽく、さほど美味ともいえぬものの、イスタンブルの街の民族的多様性を髣髴《ほうふつ》とさせていたが、現在もまだ店が続いているであろうか。

ケバブとキュルバストゥ

『料理小冊』の第四章は、ケバブと、そしてキュルバストゥの章となっている。肉のケバブについてはすでに巻ノ二でふれたが、魚のケバブも四種挙げられ、そのなかには、今も魚料理店での御馳走の最たるものの一つである旗魚《かじき》（クルチュ・バルウ）のケバブがある。これは、魚のシシュ・ケバブの一種で、淡白な肉としっかりした歯ごたえは、なかなか美味である。また今店頭ではまずお目にかからぬ鰻（ユラン・バルウ）のケバブも載っているが、皮を取り去ってしまった鰻の塩焼きは、手の込んだ白焼きを知るわれわれには、あまり有難いものではなさそうである。

キュルバストゥのほうは、肉や魚の網焼きであり、羊や鶏の他に、魚、そして変わったものとしては、いぼ鰈《がれい》（カルカン・バルウ）の肝のキュルバストゥまで載っている。

しかし、今日のイスタンブルの冬の景物である、このいぼ鰈の輪切りの網焼きは、どういうものか、『料理小冊』にも『コックの避難所』にもみえない。

アラブ式シチュー、ヤフニー

『料理小冊』の第五章では、ケバブとキュルバストゥ以外の各種料理が並べたてられているが、そのなかで最も多いのは、ヤフニーなる料理であり、一二種も挙がっている。その名も調理法もアラブ起源のこのヤフニーなる料理は、水と玉葱を加えて煮込んだ肉や臓物や魚のシチューというべきものである。このヤフニーは、『コックの避難所』にても、第三章で羊肉、羊の脛《すね》（インジク）、足先（パチャ）、兎《うさぎ》、魚など、一四種も挙がっている。

ヤフニーはアラブの古料理に源流をもち、古くは、君府でも人気料理で種類も多かったようであるが、今は、少なくもイスタンブルのロカンタではあまり見かけない。このヤフニーは、イスラム圏のさる書物の邦訳のなかでその名を見かけたことがあり、一度、如何なるものか味わってみたいと思っていたところ、かつて遊学中にイスタンブルのロカンタの店先で、ソアン・ヤフニースィ（玉葱のヤフニー）なるものがあり、早速味わってみたことを覚えている。この一品は、小さな角切りの羊肉を、丸のままの小玉葱とともに、おそらくは玉葱ジュースを加えた水で煮込んだものにて、仄かな甘味があり、なかなかのものであった。

ちなみに、『料理小冊』には、君府の料理としては誠に珍しい、漁師風の旗魚の襟首のヤフニー（ヤカ・ヤフニースィ）なるものが載っている。これは、旗魚の後頭部の脂気の多い肉を切って塩をし、油で炒めたうえで、鍋にその肉と皮をむいた大蒜《にんにく》とを重ねて入れ、これに未熟な葡萄の酸味の強いジュースを小杯一杯分加えて、水気も引き旗魚と大蒜が柔らかくなるまで煮るというもので、邦人にはいささかくどかろうが、往時の君府の食通も、魚好きは、なかなかに手広く魚肉の美味しいところを漁っていたことが、これから知れる。

トルコ名物の詰め物料理ドルマ

焼き物、煮込みと、いずれも君府の食に欠かせぬ品目ではあるが、外見からしても、いかにも目立つトルコの名物料理は、ドルマ、すなわち野菜の詰め物であろう。今日、鍋釜を据えたロカンタの店頭で、緑のピーマン、朱色のトマト、青紫の茄子に加えて渋い朽葉色の葡萄の葉などのドルマが、色とりどりに並んでいるのを見ると、だれしも食指が動くことであろう。

一八世紀の『料理小冊』においても、ヤフニーなどの各種料理をとり混ぜつつ第五章でドルマをとり上げているが、その種類は二種とごく少ない。ドルマには、温かい主菜用と、冷たい前菜用の二種があるが、後者については『料理小冊』では言及がない。これが、一九世紀前半の『コックの避難所』になると、ドルマのみで第九章がたてられ、一三種類のドルマが載せられ、オリーヴ油を用いたドルマ（ゼイティン・ヤール・ドルマ）すなわち冷菜用とサーデ・ヤール・ドルマ（バターを用いたドルマ）すなわち温菜用のドルマがともに挙げられている。『料理集成』にもドルマの章があり、冷温両種にわたり一四種を数える。これが、『家庭婦人』になると、三二種にのぼる。ドルマは古くからの調理法ゆえ、『料理小冊』でドルマが少ないのは、美食家は珍しい特色ある料理のみをとり上げ、当たり前の料理は省いたのであろう。これに対し、後三者で種類が多いのは、普通の料理も含めて、主要な料理を網羅する料理書であるからであろう。

それでは、『料理小冊』には何があるかといえば、一つは茄子の「騙《だま》しドルマ」なるもので、これは、茄子のへたを取り中身をくりぬいて、そのなかに、米と刻み玉葱と刻んだ香味野菜とに塩胡椒をしたものを詰めてへたで蓋をし、溶き卵をからめてバターで炒めたのち、水を入れて煮るというもので、今日、外食店ではあまり見かけぬものである。

いま一つは、メロンのドルマ（カヴン・ドルマスゥ）なるもので、手頃なメロンの種を抜き、別に羊の挽き肉と刻み玉葱をバターで炒め米を加え、塩、胡椒、肉桂で味を調え、さらにピスタチオ、アーモンドも入れたものをメロンに詰めて、鍋かトルコ式グラタン皿（ギュベチュ）に入れて炉で蒸し焼きにするのだという。この一品は、『コックの避難所』、『料理集成』にも載っているが、『家庭婦人』にはもう載っていない。これは、少し甘ったるそうだが、それなりに旨いかもしれぬ。今では、この一品、見かけることもないが、『小冊』では、この料理の応用として甘い南瓜（バル・カバウ）でも出来るとあり、『料理集成』では、南瓜が十分甘くなければ蜂蜜を加えよとあるから、いずれも、甘いところに値打ちがあったものとみえる。

メロンのドルマは今日もう料理書でも見いだし難いが、南瓜のドルマは、料理店ではまず見かけぬものの、料理書には温菜として載っている。今日の料理書では蜂蜜を加えよなどとは書いていない。時移るにつれ人の舌もやはり変わるのである。

ドルマ尽し

『料理小冊』にある詰め物料理は、いずれも少し変わったものだが、今日、イスタンブルで口にしうる温菜としてのドルマの代表格は、ピーマンとトマトのドルマであり、それに次ぐのが、同じカバクでも英語でスクオッシュ、イタリア語でズッキーニと呼ばれる胡瓜に似た瓜のドルマ、そして、葡萄の葉のドルマといえよう。葡萄の葉のドルマ（ヤプラク・ドルマスゥ）は実は具を葉に巻き込んだもので、ヤプラク・サルマスゥ（葉巻き）とも呼ばれるから、ついでに巻き物にもふれると、トルコ式のキャベツ巻き（ラハナ・サルマスゥ）もロカンタで時折見かける。

肉入りの温かいもの（エトリ・ドルマ）の場合、中に羊の挽き肉と刻み玉葱と米とを詰め、塩胡椒味でひたひたの水で煮るのが普通である。今もよく見かける、この手のドルマ類のうち、『コックの避難所』には、温かい葡萄の葉のドルマ、茄子のドルマ、そして赤く熟したトマトのドルマ（トマテズ・ドルマスゥ）などがあり、さらに青い未熟なトマト（フレング・バンディジャン「フランク人の茄子」）のドルマも加えられており、『料理集成』や『家庭婦人』もこれにならい、また共和国時代に版を重ねているファフリエ・ネディム女史の『土風洋風料理・甘味・菓子の書』もこれを引き継いでいるが、今、街で青トマトのドルマはまず見かけない。

今日、トマトと並んで最も普及しているピーマンのドルマは、何故か、一九世紀の三料理書のいずれにもみえない。温かい葡萄の葉詰めは、一九世紀の三書のいずれにも載っている。これに対し、夏につきものになっている瓜のほうのカバクのドルマや、そして、トルコ風キャベツ巻きであるラハナ・サルマスゥのほうは、『家庭婦人』にのみある。今日、街のロカンタではまずお目にかからないのに、三書にすべて載っているものの一つに、蕪の詰め物（シャルグム・ドルマスゥ）が挙げられる。確かに、材料の蕪（シャルグム）のほうは、街の八百屋でいつも見かける食材であり、温かいドルマにすれば、さっぱりとして、邦人の舌にも合うことであろう。

野菜の温かい肉詰めの話が続くから、そろそろ話題を別種のドルマに移すことにするが、料理の品数が大幅にふえた『家庭婦人』中にみられる、温かい野菜の肉詰めには、さらに、萵苣《ちしや》（イェシル・サラタ）、パズゥ（不断草）等々の葉巻き（サルマ）や、洋長葱（プラサ）、玉葱、アーティチョーク（エンギナール）等のドルマが挙がっており、温かい肉詰めと葉巻きからだけでも、君府の料理の豊富さが知れる。

鶏の詰め物と魚の詰め物と

冷たい野菜の詰め物はしばらくおくと、『料理小冊』にはみえないが、『コックの避難所』には、野菜のみならず、肉や魚の詰め物も、数多く載っている。すでに巻ノ二でみたように、子羊の詰め物はケバブのなかに含められているが、詰め物入りのひなどりや鶏の丸焼きは、ドルマの項にある。鶏の丸焼きは、「タヴク・ドルマスゥ（鶏の詰め物）」として、今もロカンタで味わいうる。

むしろ今では珍しいのは、魚の詰め物バルク・ドルマスゥであろう。魚といっても『コックの避難所』にみられるのは、鯖《さば》（ウスクムル）の詰め物である。調理法はといえば、大きめの鯖をきれいに洗い、皮を傷つけぬように肉を抜き出し、骨を除き刻んでおく。鍋にオリーヴ油を煮たて、刻み玉葱を炒め、次いで刻んだ魚肉と葡萄とピスタチオを入れ、塩胡椒、挽いて粉とした肉桂、丁子、小豆蔻《カルダモン》を加えて混ぜ炒めた後、これを中身を除いた魚中に詰め、上質の小麦粉をまぶして、再びオリーヴ油をひいた鍋で両面をこんがりと焼く。最後に、香りと色をつけた砂糖を振りかけて供するという。この一品は、『料理集成』にもほぼ同じ調理法で載っており、『家庭婦人』にもみえるが、砂糖をかける仕上げは省かれている。これも、好みの変化のひとつの表れであろう。

ちなみに、この鯖の詰め物は、肉を取り出し骨を除くのに恐ろしく手間のかかることゆえ、今日のイスタンブルでこれを見いだすのは甚だ難しく、ただ、新市街の目抜き通りたる独立大通りの中程を西に曲がった「魚市場（バルク・パザル）」の通りをさらに横町に入ったアルメニア居酒屋ボンジュク（ビーズ玉）なる店の例を知るのみである。

オリーヴ油で調理したドルマの数々

これまで羊肉入りでバターを用いて調理した温かいドルマや魚のドルマをみてきたが、ドルマには、いま一つ、肉を入れずオリーヴ油（ゼイティン・ヤー）を用いて調理した、ゼイティン・ヤール・ドルマの数々がある。通例、冷まして前菜として食するこのオリーヴ油製のドルマは、『料理小冊』にはとられていないが、『コックの避難所』や『料理集成』には、各種みられた。

試みに『コックの避難所』をみると、まず「魚ドルマもどき（ヤランジュ・バルク・ドルマスゥ）」なるものがあった。実は、この一品は、全く魚を用いず、精進物のみで作る風変わりな料理なのである。作り方はといえば、魚ならぬ茄子（バンディジャン）の細長いもののへたを切り、中をくり抜き塩水に放してあくを抜く。他方で、オリーヴ油を鍋に煮たて、刻み玉葱をよく炒め、よく洗った米を加えてさらに炒める。米が色づいたら、カップ一杯の水を加え、水が引けばまた水を加えて半ば煮えたところで、塩、胡椒、肉桂、小豆蔻《カルダモン》、そしてピスタチオ、干葡萄も加え、先の茄子に詰め、へたで蓋をし、鍋にきっちりと並べる。水を加えて半ば煮たのち、鍋から取り出し、大鍋にオリーヴ油を煮たて揚げ焼きにすると、見た目に、魚のドルマと極く似たものとなる。仕上げに皿にとり、色つきの砂糖を振りかけて飾るというのである。これは、今日食しても、なかなか旨いかもしれぬが、冷まさず温かいうちに供したのであろう。本物の魚のドルマと同じく砂糖を振りかけよとあるところは、当時の甘味珍重の表れである。

冷まして供する精進風の茄子のドルマも載っており、こちらは「茄子の騙《だま》しドルマ（バンディジャン・ヤランジュ・ドルマスゥ）」の名の下に紹介されている。調理法はといえば、茄子のへたを取り、中身をえぐり取り、塩水にさらしあくを取る。他方で鍋にオリーヴ油を煮たて、刻み玉葱を色づくまで炒めたところで、あくを抜いておいた茄子の中身を加えて炒め、さらに洗い米と塩胡椒と、刻みミントなどを加えて炒め煮たのち茄子のなかに詰め、へたで蓋をして、鍋に並べる。ひたひたの水を加えて蓋をし、水がなくなるまで煮て、冷まし、食卓に供するとある。これは、まさに今日の冷製の茄子のドルマである。

詰め物に、玉葱、米、塩、胡椒、肉桂、刻みミントまたは粉末の干ミントを加えた具を用い、洋長葱を使ったものを、この書では「騙《だま》しドルマ（ヤランジュ・ドルマ）」、この具の味つけに酸味桜桃（ヴィシュネ）のジュースを加えたものを、「騙し酸味桜桃ドルマ（ヴィシュネ・ヤランジュ・ドルマ）」と名づけて紹介している。この二品は、今、ロカンタではまずみられない。

オリーヴ油で玉葱、米、刻みミントを炒め煮て、これをさまざまの野菜に詰めて煮上げ、冷まして供するオリーヴ油入りの冷製のドルマは、『家庭婦人』になると、「騙しドルマ」の名の下に、茄子、洋長葱、朝鮮薊《あざみ》（アーティチョーク）（エンギナール）、キャベツ（ラハナ）、葡萄の葉（ヤプラク）などを素材とするものが挙げられ、変わったものとしては、マロニエ（アト・ケスターネスィ）の葉を用いたものまである。この手のオリーヴ油を用いた冷製のドルマは、今日では、詰め物にさらに松の実、鳥の葡萄（クシュ・ユズム）すなわちカラントも加え、茄子、葡萄の葉、キャベツから、ピーマン等も用いて各種作られ、レモンとともに前菜として供されている。

なお、この冷製のドルマで今日もみられる貽貝《いがい》（ミディエ）のドルマ（ミディエ・ドルマスゥ）もまた、すでに『コックの避難所』以降、『料理集成』にも『家庭婦人』にも載っている。

ドルマは、代表的トルコ料理であるが、わが国ではまだなじみの薄い料理法であるかと思われるので、そのいろいろを長々と紹介してきたが、そろそろ全く別の料理に話を移すこととしよう。

冷たい料理のさらに数品か

オリーヴ油を用いた冷たいドルマと同じくオリーヴ油を用いた冷製料理に、ピラーキなるものがある。ギリシア語起源のこの語は、玉葱やパセリ（マイダノス）と共にオリーブ油で調理した野菜や魚等の料理の一種を意味し、今日では、洋長葱（プラサ）、小手亡豆（小ぶりの白隠元、ファスリエ）、うずら豆（バルブンヤ・ファスリエスィ）などのピラーキが、すぐに念頭に浮かぶ。しかし、『料理小冊』には、そもそもピラーキの名がみえず、『コックの避難所』と『料理集成』には各々五種あるが、その一つは牛肉のピラーキ、残るは魚介類のピラーキで、野菜のピラーキはみえない。これが、『家庭婦人』となると、肉と魚に加え野菜のピラーキが多数載っている。

ここで、少し珍しい牡蠣（イスタルディエ）のピラーキの調理法を、『コックの避難所』に拠って紹介しておくと、牡蠣を殻からはずし、鍋にオリーヴ油を煮たて、刻みパセリと牡蠣のむき身を入れ、水少々を加えて、ふた煮たちほど煮たてて、皿にとり、レモン汁をかけて供するとあり、これは、今日の邦人の口にも合いそうであるが、イスタンブルの現代のロカンタでは見かけない。

さて、ピラーキではないが、前菜として供される冷たい野菜料理で、今日、君府の味を語るとき欠かせぬ一皿として、イマーム・バユルドゥなるものがある。これも『料理小冊』にはないが、一九世紀の三書にはいずれにも載っているから、『家庭婦人』に拠り、紹介しておこう。そもそも、この料理の名は、「余りに旨すぎて、イマーム（金曜礼拝の導師）も目をまわす」という意味であり、実態は、茄子の冷製である。まず、茄子をへたのところは残してばらばらとならぬように切り、他方でたっぷりのオリーヴ油を鍋に煮たてて粗い刻み玉葱を炒め、何片かの薄切りにした大蒜を加え、茄子に詰め、塩胡椒をふりかける。水か肉スープかトマトジュースを加えて煮たのち、供するとある。これは、今日のイスタンブルの名物料理でもあり、各ロカンタで容易に味わいうる。ひんやりとあっさりしており、目をまわすほどではないが、邦人の口にも合う。

温かい煮込み料理数種

また温かい煮込み料理に戻っても、まだまだ多くの品目が、料理書中に残されているが、野菜の煮込みのなかでは、今日、とりわけ下町のロカンタでの庶民の欠かせぬおかずである、干した白隠元豆（クル・ファスリエ）の煮込みは、何故か、『料理小冊』にも、『コックの避難所』、『料理集成』にもみえず、ただ、同じような料理法によるオクラ（バミヤ）と肉の煮込みがみえるにとどまる。しかし、今はバミヤ（オクラ）の煮込みも、また白隠元豆の煮込みも、トマト味が普通だが、ここではトマトは全くまだ用いられておらず、今日の庶民用の白隠元豆のトマト煮には、羊肉の影は殆どみえず多少の肉の風味がするのみにとどまる。

野菜から温かい肉の煮込み料理に目を移すと、『コックの避難所』には、これまた庶民用の下町のロカンタの定番献立中の御馳走の一つたる、クザルトゥマすなわち、一旦バターで炒め揚げにした肉の煮込みが載っているが、これも、今はトマト味であるのに対し、こちらは玉葱の甘みと塩の味つけで、また通例は婚礼の御馳走であるとされている。これが『料理集成』となるとクザルトゥマの他に、「トマト味のクザルトゥマ・ヤフニースィ」なるものまであり、トマト味も登場している。

煮物料理は、野菜のものも肉のものもまだまだあるが、そう詰め物、煮物と、似たような味の品目だけでは飽きもするから、この辺で切り上げ、今度は、油焼き、トルコ式天麩羅《てんぷら》というべきものに話を移すこととしよう。

トルコ式茄子の天麩羅

中国の揚げ物や本邦の天麩羅の如く、大鍋になみなみと油を煮たてて揚げる料理は、君府の料理には殆どないが、かなりたっぷり油をひいた鍋で焼くか揚げ焼きとする料理はトルコ料理にもあり、タヴァと呼ばれる一分野をなす。英文の『料理集成』でも、一章をたててタヴァを論ずるにあたり「揚げ物料理（フライド・ディッシェス）」としているから、揚げ物といってよかろう。

タヴァという調理法は古くからあるのに、『料理小冊』には、一つもタヴァ料理がみえぬのは、著者の好みに合わぬからかもしれぬ。『コックの避難所』と『料理集成』には、各々、タヴァの項を設けており、羊肉、魚、野菜の各種のタヴァを挙げている。前者には、羊肉と羊肝、魚介では鯖（ウスクムル）、鰯《いわし》（ハムシー）、鯔《ぼら》（ケファール）、貽貝《いがい》（ミディエ）、野菜では茄子のタヴァがあり、後者ではさらに魚として、いぼ鰈《がれい》（カルカン・バルウ）のタヴァが加わる。

ひと口にタヴァといっても、ただ塩胡椒をしてバターで焼く「羊肉の油焼き（エト・タヴァスゥ）」、小麦粉を卵で溶いたものをつけてオリーヴ油で揚げるように焼く鯖のタヴァ、小麦粉をつけるだけでオリーヴ油で揚げ焼きにする鰯や貽貝、あるいは小麦粉をつけず、あるいは小麦粉をつけてオリーヴ油で揚げ焼きにする茄子など、少しずつ調理法が異なる。小麦粉やそれを卵で溶いたものをつけてオリーヴ油で揚げ焼きとしたものが、われわれの天麩羅に最も近い。

タヴァは、今日、肉、魚、野菜ともにロカンタでも食しうるが、小麦粉をつけた茄子、スクオッショ（カバク）の縦に薄切りにしたもののタヴァは、われわれの精進揚げに最も近い。但し、料理書にもあるように、レモンを絞るかヨーグルトで食するところが、やはり、わが天麩羅と全く異なる。ただ、今日、天麩羅をトルコ語で表現するときは、やはりタヴァの語を通例用いる。

さまざまのキョフテの調理法

土風天麩羅から、今度は、羊肉団子、すなわちキョフテに話題を移してみよう。最もシンプルな網焼きのイズガラ・キョフテや串焼きのシシュ・キョフテには、すでに巻ノ二の肉のところでふれたが、羊肉団子料理には、ケバブにひけをとらぬヴァラエティーがある。

古料理書の『料理小冊』には、羊肉団子料理としては「水なし肉団子（スゥスズ・キョフテ）」のみがあるが、これは極く細かく挽いた羊肉に、塩胡椒、肉桂を入れて丸い団子としてボウルに並べ、このボウルを少し水と油を入れた鍋のなかに置き、鍋の蓋を密封しさらにそのまわりを濡れた布で覆い、中火にかけて調理するという。この「一種の蒸し肉団子」は、一九世紀の三書にもある。

『コックの避難所』になると、一章中にキョフテの節がたてられ、すでに巻ノ三でふれたものと同じ串焼き肉団子たる、「ケバブ・キョフテ」すなわちシシュ・キョフテ、水なし肉団子も含め、一〇種が挙げられ、『料理集成』となると、特にキョフテの一章がたてられ一一種が載せられている。羊肉団子で少し変わったものに、テルビエリ・キョフテなどというものがある。これは、羊の挽き肉に刻み玉葱と塩胡椒を入れてよく練り、小さな団子として茹でて鍋にとる。他に溶き卵に塩と酢を加えたものを熱し固まり始めたところで、先の肉団子の茹で汁を少々入れて煮たのち、これを先の鍋中の肉団子にかけて、熱いうちに供する。これは、少々酸味のある柔らかい煮団子である。名前の前半をなすテルビエとは、アラビア語に由来し、「躾《しつけ》、教育」を意味するとともに「矯《た》める、馴《なら》す」ことも意味し、何故か溶き卵を加えて群雲《むらくも》状とした料理も意味するのである。

「躾肉団子」に対し、いささか不躾な名をもつキョフテで『コックの避難所』にあり、今日も下町のロカンタでも必ず見かける人気料理にカドゥン・ブトゥ・キョフテスィなるものがある。カドゥンとは「御婦人」、ブトとは「太股《ふともも》」を意味する。ものは何かといえば、羊の挽き肉に刻み玉葱と米少々と塩胡椒を加えてよく混ぜ合わせ、これを少し長めの平たい小判形にまとめて、さっと茹でて冷まし、冷めたところで溶き卵をつけ、バターを十分にひいたフライパンで色よく焼き上げるのである。今日では、これをそのまま、あるいはレモンを絞りかけて熱々のを食する。しゃりしゃりとした卵の衣と柔らかい肉が一体となり、なかなかに旨いものである。ただ、名前がいささか不謹慎であるためか、アイーシェ女史の『家庭婦人』にはなく、ただこれに似たものが「御婦人団子（ハヌム・ミュジュメリ）」の名で載っており、共和国時代に版を重ねた料理書の定番、ファフリエ・ネディム女史の料理書では少し違う名の下に両方ある。

ミュジュメルなら、『料理小冊』にも「茄子焼き団子（バズィンジャン・ミュジミリ）」なるものが載っており、一九世紀の三書にも、茄子焼き団子と、そして単なる「ミュジュメル（焼き団子）」なるものが載っている。ここで単なる「焼き団子」なるものは、羊の挽き肉、塩もみの刻み玉葱、刻みパセリを加え、さらに溶き卵を加えて混ぜ合わせ、これをバターをたっぷり溶かし煮たてたフライパンに匙で流し落として色よく焼いたものである。先の茄子焼き団子や一九世紀の三書にある豆焼き団子（ファスリエ・ミュジュメリ）は、いずれも、茹でて刻んだ茄子の中身や、茹でて刻んだ莢《さや》隠元に、溶き卵と、あれば炒めた羊の挽き肉、刻み玉葱、刻みパセリなどを加え、塩胡椒で味を調え、これをバターを溶かしたフライパンで色よく焼くのである。なお『コックの避難所』と『料理集成』では、茄子焼き団子についてももう少し手間のかかる仕掛けをしている。これでみると、キョフテには野菜団子も加わっている。

実際、『家庭婦人』になると、明らかに洋風料理の影響下に、卵黄を加えたマッシュド・ポテトに溶き卵とパン粉をつけ、たっぷりのバターで揚げ焼きとした一種のポテト・コロッケが、「馬鈴薯団子（パタテズ・キョフテスィ）」の名の下に、キョフテの章のいの一番に載っている。

ピラフのいろいろ

米に話を移すと、トルコ料理といえば思い出される米の料理は、何よりもピラフであろう。トルコ語ではピラウとなるこの語は、実はペルシア語よりの借入語であり、米の炊いたものを意味する。ピラフの語源はさておき、炊いた米は、トルコ人にとってオスマン朝より遥か以前から知られた料理にて、オスマン朝でも古くより御馳走の定番品目の一つであった。但し、オスマン朝の人々にとって、ピラフはあくまで米の炊き込み料理で、主食ではなく副食であった。主食は、いうまでもなく小麦粉製のパンである、古くはエトメキとも呼ばれたエクメキであった。しかし、ピラフは、オスマン帝国の首都としての君府の発足以来の御馳走であったことに疑いなく、一五世紀の古記録にも、一六世紀以降のミニアチュールにも、随所にこれを見いだしうる。

一八世紀の『料理小冊』にももちろん、四項目、五種のピラフが載っている。「油を入れないピラフ（ヤースズ・ピラウ）」の名の下には、丸ごとの鶏を入れたものと角切りの羊肉を加えて炊いたものと、二種の炊き込み飯が挙げられ、具の入ったものとしては、他に茄子入りピラフ（バンズィンジャンル・ピラウ）と、そして帆立貝（タラク）中にその身とともに米を詰めて炊いた帆立貝飯（タラク・ピラウ）が、載っている。

一九世紀の『コックの避難所』には一三種、『料理集成』には一四種、『家庭婦人』になると、獣肉、各種の鳥肉、魚介類、野菜の炊き込み飯が三〇種以上も載っている。『コックの避難所』には、すでに新種のピラフとして、トマト入りの炊き込み飯（ドマテスリ・ピラウ）があり、また、君府の人々にとっても異国の味としてはイラン風ピラフ（アジェム・ピラウ）もある。

君府の人々を楽しませた中央アジアのウズベク飯

さらには遠く中央アジアのサマルカンド、ブハラの街々を擁するウズベキスタンの人々に由来するウズベク風ピラフ（ウズベク・ピラウ）などまでが載っていた。

珍しいウズベク飯については、有名だが何種もあるとされている。そこでその最も簡便なもののレシピを紹介したい。先ず米を二回よく洗い水を切っておき、他方で細かく切った羊肉を十分な水で茹で、あくをとり去ったのち、塩少々を加えてさらに茹で、羊肉を取り出し、バターを加えて肉を炒める。そこに先の洗い米の一倍半の肉の茹で汁を加え、ピスタチオ、干葡萄、塩、挽いた肉桂《シナモン》、丁子《クローブ》、小豆蔻《カルダモン》そして炒めた羊の挽き肉を少々加えて煮たて、ここに水を切っておいた洗い米を加えて、ひと煮たちさせ、吹いたら一時間ほど蒸らして食するとある。これと同じものかどうかは判然とせぬが、かつて遥かにウズベクの地から君府に来る旅人に宿舎を提供していたウズベク修道場（ウズベク・テッケスィ）のウズベク・ピラウは君府の人々にも有名で、宗教上の祝祭の日等には、近隣の人々にも振舞われたという。その衣鉢を継ぎウズベク飯を供するロカンタが、君府アジア岸のウスクダル、すなわち例の「ウスクダラ」の歌の故郷に、一軒残っている。

「心地好い水」果物の甘煮

本邦では米の飯には漬物がつきものであるが、君府の食卓にも酢漬、塩漬の漬物たるトゥルシュが種々あり、古料理書にも、遥か以前の一七世紀前半の公定価格表にも各種挙がっている。酸っぱい食物としては、さらに各種のサラダもあるが、料理尽しも随分続き、そろそろ満腹されたかと思われるので、君府の食卓でピラフと縁が深いが、われわれにはデザートにしかみえぬ果物の砂糖煮へと、話題を移すこととしよう。

今日のトルコの食の世界では、果物の砂糖煮には、コンポストとホシャプなる二種がしばしば挙げられており、その両者ともピラフと一緒に食することが多い。しかし、コンポストとホシャプの区別は、現代の料理書、辞典ではどうも判然とせぬ。少し遡ってみると、例の一八世紀の『料理小冊』では「コムボスタ」の語が、一回現れるが、これはキャベツの酢漬で、匿名の著者は、ボスニアの言語（ボスネヴィージェ）だと称している。そして、果物の砂糖煮はすべて、ホシャプの名の下に扱われている。この事情は、一九世紀の『コックの避難所』から『家庭婦人』に至る三書においても同じである。それゆえ、今日、洋風の影響下にコンポストと称されるに至ったものも、ホシャプも、ともにかつてはホシャプと呼ばれていたとみてよいであろう。

ここで、ホシャプとは、ペルシア語の「ホシュ（心地好い）」と「アーブ（水）」から合成され、元来は「心地よき水」、「甘美なる水」を意味する語である。そして、実際には、生の果物、ないしは干果物に砂糖と水を加えて煮て冷ました、汁の多い果物の砂糖煮に他ならない。われわれ日本人には、甘酸っぱいデザートにしかみえぬが、トルコの人々は、これをしばしばバターのきいたピラフとともに食するのである。実際、これに馴れると、なかなか旨いものなのである。

ピラフと共に、一種の汁物として、あるいは独立でデザートとして食されるこのホシャプには、すでに『料理小冊』で、酸味桜桃（ヴィシュネ）、杏（カユス）、洋梨（アルムート)、李(エリク)、葡萄(ユズム)、オレンジ(ポルタカル)、石榴(エナール)、無花果(インジル)、そして、それらの干したもののホシャプが挙がっている。変わったものでは、ピスタチオ(シャム・フストゥウ)、松の実(チャム・フストゥウ)のものもある。『料理小冊』には一五種、『家庭婦人』となると二〇種近い種類が挙がっている。邦人は、馴れぬうちは、ピラフと一緒ではかなわぬと思うかもしれぬが、脂っこいトルコ料理のあとで、冷たく甘酸っぱく、季節の果物の風味のするホシャプ、今日ならコンポストは、邦人にも心地よい食後の甘味といえよう。

ちなみに、ホシャプ、コンポストよりずっと多く砂糖を加え水気がなくなるまで果物を煮上げた果物の砂糖煮である、アイヴァ・タトルスゥ(マルメロの砂糖煮)、エルマ・タトルスゥ(林檎の砂糖煮)等も、こってりとしたトルコ式生クリームであるカイマクと共に食すると、邦人には少し甘すぎるかもしれぬが、季節感あふれ甘さも十分のデザートとなる。これも『コックの避難所』『料理集成』にもある。但し、かつて庶民は、砂糖に代えて蜂蜜を用いたことであろう。

エズメとヘルヴァ

果物から木の実に目を転ずると、アーモンド(バーデム)やピスタチオ(フストゥク)をすり潰して砂糖を加えて練り上げた菓子のエズメ(すり潰したもの)は、トルコ式マジパン

ヘルヴァ売りの行商人。大盆の上に切り揃えたヘルヴァを載せて客を待つ

であり、食後のデザートというより、おやつの菓子というべきもので、本邦の半生菓子に似る。食後のデザートならぬ菓子で、木の実を材料とするものにはまた、胡麻をすり潰して砂糖ないし蜂蜜やレモン汁を加えて練り上げ、ときにピスタチオ等を加えたヘルヴァなる練り菓子がある。ヘルヴァの語は、本来はアラビア語で「甘味」を意味するハルワに由来し『料理小冊』以来、各料理書にも各種載っている。君府の人々は、これをパンとともに、朝食、昼食のおかずとして食しもする。

ヘルヴァといえば、すり胡麻を材料とするもののみならず、小麦粉やセモリナ（イルミク）をバターで炒め甘味として砂糖や蜂蜜と、ものによっては乳を加えて練り上げたものもあり、これも、『料理小冊』以降、諸料理書に各種載っている。この種の澱粉質を用いたタイプのヘルヴァは、何よりも君府の冬の景物であり、冬の寒さを忘れてヘルヴァを味わいつつ語り合う楽しみは、「ヘルヴァ・ソフベッティ（甘味を囲む語らい）」と呼ばれた。

再び冷たいデザートについて

デザートから菓子に話が移ったが、冷たいデザートに戻ると、『料理小冊』にはみえぬが、遥かに古い文書、史料の随所に現れるものに、婚礼等々に製するサフランで色づけた米の甘煮であるゼルデ、一〇種を超える穀物と、木の実を入れ煮合わせて製するアシューレ等がある。

さらには、今日ではあっさりとした米粉のプディングとなっているが、『料理小冊』では、これとは全く異なる、バターを多く用いた脂っこい焼き菓子様のものとして現れるムハッレビ等々がみられる。今日知られているものと旧時のものの異なる例としては、ロクムが挙げられる。今日、ロクムとして知られるものは、澱粉に水と甘味料を加えて練り上げ、木の実やバラ水で風味をつけて冷まし、延ばして角切りとし、粉砂糖をまぶした求肥《ぎゅうひ》様の菓子で、今日トルコの菓子の代表の一つであり、古くは、「喉《のど》の安楽（ラハト・ウル・ホルクム）」として知られたものである。これは『コックの避難所』、『料理集成』にも載っており、さらに古く一八世紀末から、この菓子を作ってきた老舗ハジュ・ベキル菓子店もあるから古くからの菓子ではあるが、『料理小冊』では、単にロクムというと、むしろ小麦粉とバターを用いた練り菓子を意味していた。

ちなみに、冷たいデザートとして、今日、「ドンドゥルマ（凍らせたもの）」と呼ばれるアイスクリームは、料理書では『家庭婦人』に初めて現れるのであり、古くはなかったものと思われる。これにかわり、今日の西欧のシャーベットの語と語源を同じくするシェルベットがあった。

シャーベットならぬシェルベット

西欧諸語で、今日、果汁の氷菓を意味するシャーベット、ソルベの語源は、「飲むこと」

を意味するアラビア語シャラバの派生語で「飲み物」を意味する「シャルバ」に由来する。トルコ語のシェルベットは、まさにこのシャルバのトルコ語に借用された形である。

しかし、アラビア語のシャルバ、トルコ語のシェルベットは、西欧式の果汁の氷菓にはあらずして、原義に近い冷たいシロップ水を意味する。

イスラムの戒律上、少なくも公式には酒をたしなまぬイスラム圏では、食事に際しても、酒に代えて、さまざまの香料や果物のシロップに甘味料で甘味をつけたシロップ水を供した。これがシャルバ、シェルベットである。『料理小冊』には、シェルベットは除外したものとみえ項目がないが、オスマン朝でも古記録、古史料に、シェルベットの名は随所にみられ、一九世紀の三書では、各々、多種多様なシェルベットが挙げられている。『コックの避難所』には、酸味桜桃（ヴィシュネ）、ヴァイオレット（メネクシェ）、レモン（リモン）、苺（チレキ）、バラ（ギュル）等々が挙げられており、『家庭婦人』となると、二〇種近くが載っている。

焼き菓子のいろいろ

『コックの避難所』では、シェルベットの数々は、最終章の第一二章「コーヒー以前に供されるべき甘味」の章で扱われるが、いよいよ君府の食卓の最後を飾るコーヒーに話を移す前に、小麦粉を用いた焼き菓子のデザートにも、ここで、少しだけふれておこう。

この種の甘味の代表格は、卵を用いて作ったパイ皮なるユフカを、調理用円盤にバターをひいて積み重ね、ときにその間にすり砕いた胡桃やピスタチオをあしらい、四角に切り込みを入れて、炉で焼き上げ、蜂蜜か砂糖の糖蜜をたっぷりとしみ込ませたバクラヴァ、針金のように細くひき延ばした小麦粉の練り物をバターで焼き上げ同じく蜂蜜か糖蜜をしませたテル・カダイフ（針金カダイフ）、セモリナをバター、蜂蜜か砂糖、卵と混ぜ合わせて蒸し焼きとした粗目のカステラ様のものに糖蜜をしませたレヴァーニ等々である。これらは、いずれも『料理小冊』にも、それ以降の諸料理書にもみえるが、遥か昔、君府にオスマン朝が入府する以前よりのものである。

これらも、君府の食後の食を代表する菓子であるが、邦人には甘すぎると感ぜられることが多いかもしれない。しかし、今日のイスタンブルで、上質のこれらの菓子を作る老舗、名人の店で味わえば、親しみやすかろうと思われる。

珈琲と茶と

やや重いデザートの焼き菓子に辿り着いたところで、君府料理尽しも、珈琲《カフヴェ》でしめることとしよう。極く細かく挽いた珈琲粉に砂糖と水を直接加え、長い手つきの小さなコーヒー沸かしで沸かし、小カップで供せられるこってりとしたトルコ珈琲は、本邦でも知らぬ者の少ないトルコ名物となっているが、珈琲が君府に入ったのは、意外に新しい。そもそも、アフ

左）コーヒー容器と菓子器を持つ侍女と、着座して、コーヒーを楽しむ上流の女性。右）行商のコーヒー売り。注文されたコーヒーをカップに注ぎつつある

リカのエティオピア原産といわれる珈琲は、紅海の対岸のアラビア半島東南端のイエメンに入り、これがアラビア半島に拡がって、珈琲飲用の習いがイスラム世界に入ったとされる。そしてこの習慣が、アッバース朝衰退ののちイスラム世界の中心となったエジプトに入ったのが一五世紀頃といわれる。

カフェインを含み興奮を誘うこの新たな飲み物をめぐり、カイロではイスラムの戒律上、酒に準じて禁ずるべきか、許容すべきかについて、戒律、法学上の論争が間もなくおこり、一世紀以上にわたって続いたといわれるが、珈琲飲用の習いは、一五世紀から一六世紀前半にかけエジプト、シリアに徐々に拡がり、これを供する場としての珈琲店《カフヴェ》もまた成立普

及していったのである。

　折から、この頃、一五一六年から一八年にかけてのオスマン朝第九代セリム一世の対マムルーク朝遠征によりエジプト、シリアがオスマン領となり、セリムの一子、第一〇代スレイマン大帝の治世下の、一六世紀前半の末に、珈琲が君府に入った。そして、一五五四～五五年、シリアからの二人のアラブ人が、君府に最初の珈琲店を開いた。珈琲飲用の習慣はたちまち拡がり、君府のそこここに珈琲店が開かれ始めたが、その後一世紀以上にわたり、君府でも、かつてのカイロにおけると同じく、イスラム法上の珈琲飲用の可否をめぐる学者間の論争が続いた。とりわけ珈琲店は、男どもの集まる場として、御政道批判の場、陰謀の巣となりかねぬとて、度々、禁令が出されたが、結局、一七世紀後半には、君府にも確たる地歩を固めたのである。

　以後、訪問客には、珈琲を供するのが通例となり、宮廷でも、官庁でも、珈琲は必須の飲料となり、当時、産地となっていたイエメンは、スレイマン大帝の治世にオスマン領となったとはいえ、遠来の高価な品ではあるが、庶民の間にも、次第に飲用の習慣が普及していった。そして、珈琲は、食後、そのしめくくりとして欠かせぬ飲料となっていった。ちなみに、今日では、珈琲と並び称せられる茶（チャイ）の飲用の習いは、珈琲に比すると遥かに遅く君府に入ったのであり、君府に茶の飲用が真に普及したのはせいぜいで一九世紀後半から二〇世紀前半のことであった。

1819年刊の書物に描かれた、トルコのコーヒー・ハウス。左手ではコーヒーを沸かし、右手では、ソファに座った客たちがコーヒーや水煙草を楽しんでいる

君府料理尽しも、珈琲が出たところで話を終えることとする。君府の酒と酒場については、公式には少なくもムスリムには御禁制であったことでもあり、時を改めて論ずることとしよう。

巻ノ六　貧者の給食

富者の食卓と貧者の食卓

いつの世にも、世の中には、富者もあれば貧者もいる。旨い物にこと欠かない食都にあっても、珍味佳肴は専ら富者の口中に消え、貧者は、指をくわえていたのが現実であったであろう。三大陸に君臨したオスマン帝国のスルタンたちのおひざもと、かほどに豊かな食材に恵まれた食都イスタンブルにおいても、この事情にさして変わりはなかった。

そこで君府の食の世界を論ずるにあたっても、食生活におけるピンとキリの双方をみておかねばなるまい。しかし、遠い過去に生きた名もなき庶民の横顔を知ることが困難であるように、遥か昔の貧者の食卓を再現するのも、なかなか困難である。というのも、後代の史家が依拠しうる史料の大多数は、王侯将相、大官貴顕の事跡に関するものか、あるいは、お上《かみ》が庶人を支配する縁《よすが》とすべく上《うえ》からの目で、庶人の生活の一端をからめとった文書からなるためである。

史料豊富なイスタンブルについても、ごく普通の庶民たちの食生活を彷彿《ほうふつ》とよみがえらせうる史料は、遺憾ながら誠に乏しい。しかし、幸いにして、普通の街の庶民とは少し違うかもしれぬが、キリもキリ、貧者たちに恵まれた給食については、いささかの史料が残されているのである。そこで、この巻においては、ピンの部類の王侯の豪華な食の世界に分け入る前に、キリのほうの貧者の食卓を少しく覗いてみておくこととしよう。

神への祈りと人への恵み

いにしえの君府の貧者への給食を支えたのは、ワクフと呼ばれる制度であった。ムスリムは、他人に恵みを与えることを、神への祈りにも通ずる敬虔な行為として、これを好む。今日も列車のなか、バスのなかで、何かものを食べ始めようとするとき、近くにいる人々に、「御一緒にいかが」と、いかにもてるものが乏しくとも、少なくとも一応は勧めているのを見かけるのも、このためである。これは、ささやかな貧者の施しというべきものであるが、富者にもまた、人々に施し恵むことによって、神に嘉《よみ》され、最後の審判の日には、天国に入れていただきたいものと考え、各々分に応じた慈善行為に励む者も、少なくなかった。そして、このような精神が形をとって制度となったものが、ワクフと呼ばれる制度であった。

あるムスリムが、ある財物を特に取り分け、所有権を神に委ね、収益を、敬神につながるさまざまの事柄、公共の福祉にかかわるくさぐさの施設や事業にあてるとき、その財物は「ワクフ財産」となり一つのワクフが成立する。それゆえ、ワクフは、宗教寄進財産とでも名づけ得よう。近代法では「自然人」すなわち生身の人間以外に、法律上、自然人と同じく権利義務を負いうる「法人」なるものが定められているが、イスラム法では、「法人」は認められていない。ワクフの役割は、今日のわれわれの制度でいえば公益財団法人に近いが、法人ではないから、むしろ今日の制度でいえば「公益信託」制度に最も近いといえよう。

このワクフには、種々さまざまの目的のためのものがあり、ムスリムの共同礼拝所としてのモスク、イスラム法学を学ぶためのイスラム学院（メドレセ）、子供たちに読み書きの手ほどきをする初等学校（メクテプ）、図書館、イスラム神秘主義の修道場（テッケ）等々の施設は、いずれも、ワクフによって支えられていた。公衆衛生施設たる病院も公衆浴場（ハマーム）もまた、ワクフにより設立運営された。かような公共活動を支えるべく、ワクフの財源として、都市では、市場、貸店舗、賃貸住宅、ハンと呼ばれる有料のビジネス・センター兼用の隊商宿、地方では、農地等々が寄進され基本財産となった。スルタンをはじめ有力者たちは、競って莫大な財源を寄進しワクフを築き、後生を祈った。

スルタンをはじめ、皇室や、政府高官たち、富裕な商人たちのワクフにより設立された夥しい公共施設は、君府イスタンブルが、ビザンツ都市からイスラム都市へと変容していく過程において、街づくりのために決定的な役割を果たした。そもそも、イスラム世界では、都市の文明の栄えたところであるにもかかわらず、いかなる大都市といえども、通例、統一的な都市行政の組織をもたなかった。イスタンブルの街もまた、この例にもれなかった。

スルタンのおひざもととして、いかなる州にも県にも属さぬ独立の首都区をなす帝都の行政の最高責任者は、スルタンの絶対的代理人たる大宰相であると目されていた。確かに、大宰相は、月に何日か、自ら随行者を従えて市場をまわり、量目に不正がないか、不当な価格でものが売られていないかを査察したし、一旦、大火事が起これば、自ら駆けつけて、消火の指揮をとりさえした。しかし、大宰相は、決して君府の市長であったわけではなく、また、その下に市政の組織があるわけでもなかった。治安の維持を担当するのも、旧市街の大半ではイェニチェリ軍団長官、金角湾を隔てた北側では、たまたまそこに帝国艦隊のドックがあるため、オスマン海軍の長たる大提督（カプダン・パシャ）に委ねられたという具合で、統一を欠いていた。

司法と民生にあたるのは、イスラム法官だったが、これも、旧市街全域は、イスタンブルのイスラム法官（イスタンブル・カドゥスゥ）の管轄下にあり、西郊の大城壁外はエユプ、金角湾北岸はガラタ、ボスポラスとマルマラ海を隔てたアジア岸はウスクダルと、それぞれのイスラム法官の管轄区域（カザ）に分かたれていた。そのうち、イスタンブルの民生に最も深いかかわりをもつのは、やはりイスタンブル・カドゥスゥであったとはいえ、これも「市長」というには程遠かった。こうした状態の下で、イスタンブルの都市建設と諸施設の建設と維持は、専ら、ワクフの活動に委ねられていた。

信仰の象徴というべきモスクも、また商業の繁栄の支柱というべき市場や隊商宿ケルヴァン・サラユ（キャラヴァン・サライ）も、みな、ワクフの施設の一部として建設されたものであった。君府の食の文化に香気を添える遠方からの香料とコーヒーをかつては専売し、今も泰西の人々にはスパイス・バザールの名で名高く、旧市街と新市街を結ぶガラタ橋の旧市街側にあるエジプト市場（ムスル・チャルシュスゥ）も、この一例であった。

ワクフと水道

ワクフはまた、君府の食生活の根幹の一つたる水の供給者でもあった。爾来《じらい》、中東は乾燥地域にて、良水に乏しい。羊の皮袋に良水を詰め売り歩く水売り（サカ）たちもいるが、それだけでは、埒《らち》があかない。ボスポラスとマルマラの海の青に囲まれたイスタンブルもまた、その例外ではなく、すでにローマ、ビザンツの時代以来、市民のための水、とりわけ飲料水の確保は、死活の大事であった。ビザンツの遺跡として今も残るヴァレンス帝の水道橋はいうまでもなく、地下宮殿（イェレ・バタン・サライ）と称される、アヤ・ソフィア近くの巨大な地下建築物もまた、実は地下貯水池であり、市民に水を確保するための工夫の賜物であった。

この地下貯水池は、何故かオスマン朝時代には忘れ去られたが、コンスタンティノープル征服後、メフメット二世は、ビザンツの水道施設を受け継ぎ活用するとともに、自らも水道の整備に注意を払った。そして、イスタンブルの街が、次第に活況を呈し人口も増加していくにつれて、良水を得ることのできる井戸も少ないため、水道の設備が一層整えられた。とりわけ、一六世紀中葉、スレイマン大帝の時代に、イスタンブルの水道網は、著しい発展を遂げた。これらの水道整備は、専らワクフ活動の形で進められた。膨大な財源を有するワクフが設立され、あるいは新たに良水を求めて新水源が開かれ、あるいは水道橋で、あるいは水道管で、良水は市中にもたらされた。一度《ひとたび》水道が動き始めれば、分水権がワクフにも利益をもたらした。

水道の本管からさらに水を分かち、君府の数多くの街区（マハッレ）に住む人々の利用に供することもまた、ワクフの役割であった。新たに水源を開き、遠く市外から市中へと水をもたらすのは、膨大な費用を要する大仕事であり、かようなワクフを創設するのは、王侯貴顕の特権ともいえた。しかし、水道本管から分水権を得て支管を引き、市内に水を導いて、特にしつらえられた人工の泉（チェシュメ、セビル）の蛇口からの水を、人々の生活の用に供するのは、より簡単である。しかも、水源より水を引く行為は神意にかなう敬虔な行為と考えられていたから、スルタンやその母后は勿論のこと、今はただその建立した泉の銘のなかにのみ名をとどめるささやかな篤志家たちに至るまで、さまざまの人々が、夥しい数の泉を築き、人々に水を恵んだ。

泉と功徳

勿論、水を恵むのは、陰徳を積むためのみならず、人々の感謝を得て、己の後生を良いものとしたいという願いもこめられていた。「井戸水を飲むときは、井戸を掘った人のことを忘れてはならない」とは、革命中国の名宰相、周恩来の名言であるが、まさに君府で泉を築いた人々もまた、水を飲む行きずりの未知の人々が、泉の建立者の後生のために祈ることを求めた。大オスマン帝国のスルタンの場合もまた、その例にもれない。

トプカプ宮殿の正門たる「帝王の門」の東南の傍らにある、壮麗な泉の建立者たる一八世紀初頭のスルタン、オスマン朝第二三代アフメット三世もまた、自らの泉の銘に

「蛇口をあけて飲め水を
（スルタン・）アフメット・ハンの
ために捧げよ祈りを」

との詩の連を刻んでいる。

功徳を積むべく建立された泉のなかには、人間用のみならず、馬や小動物、果ては鳥のための水飲み場もあり、とりわけ翼をもち大空を飛翔する鳥には、水を飲んで、感謝の気持ちを天におわすアッラーのもとで述べたててくれることを期待したことであろう。

こうして、水道と泉によってイスタンブルの水資源が開発され、飲料水が確保されていくなかで、良水、名水も見いだされた。とりわけ、一八世紀以降、大々的に開発された水源と

して、ボスポラス海峡ヨーロッパ岸の北、黒海から遠からぬところにある、「ベオグラードの森」の水は、甘美なる名水として名高く、今日も森の緑と甘い水を楽しむべく、行楽に訪れる人が絶えない。

給食施設イマーレット

さて、話を戻して、ワクフすなわち宗教寄進財産の活動の中心をなす施設についてみると、モスク、イスラム学院などに加えて、病院や医学校、そしてイマーレットと呼ばれる給食施設も備えた大規模なものも時にみられ、これらの施設群は、キュッリエ(施設複合体)と呼ばれる。

イマーレットの本務は、宗教的慈善行為の一環として、貧者に無料で食を恵むことであった。それゆえ、イマーレットは、巨大な台所であり、そこで調理された食物は、イスラム学院の教授(ミュデッリス)や、寄宿給費生が多い学生(ソフタ)たちにも供された。さらに、これもワクフの運営する隊商宿ケルヴァン・サラユ(キャラヴァン・サライ)では、三日間は無料で滞在でき、この間、日に二回の食事が供される例であり、この旅人たちに食を供するのも、イマーレットの重要な任務であった。

この救貧給食施設イマーレットの供する食は、まさに貧者の食事といえるであろう。幸いにして、イマーレットの献立と食材については、ワクフ関係の史料群のなかに、詳細な情報が含まれている。そのいくばくかを用いて、既往の貧者の食卓を少し再現してみることとしよう。

征服者メフメットのイマーレット

史料豊かな本邦でも難しい、何世紀も前の貧者の食卓の献立を、いまわれわれが知りうるのは、イスラムの宗教寄進財産ワクフには、今日でいえば財団法人の業務内容と基本財産を明らかとする定款に比すべき、宗教寄進文書がつきものであったからである。ワクフを設立するには、設立の目的である宗教・公共事業の詳細な内容とその財源の明細を記した、ワクフィエ（宗教寄進文書）と呼ばれる文書を作製することを要した。いつの世にもそうであるが、税法上もさまざまの恩典のある制度を悪用して、公益の名の下に私腹を肥やす輩《やから》には、こと欠かなかったからである。

とりわけ、イスラム世界で他に類例をみぬほどに制度典章の整ったオスマン朝においては、さらに、正式にイスラム法上のワクフとして国家より認定されるためには、ワクフィエを、設立地を管轄するイスラム法官の下に届け出、その認可を受けて登録せねばならなかった。その際、ワクフィエの一本は、イスラム法官の管轄するイスラム法廷（シェリー・マフケメ）に保管された。また、他にワクフィエの原本とその写しは、別に設立者の手元にも保管された。そして、時に応じて内容に改訂が加えられ、新たに登録し直されたのであった。

それゆえ、今日に伝存するワクフ文書は数多いが、コンスタンティノープルの征服者メフメット二世の創設にかかる一四七〇年に完成したファーティフ・モスク（征服者モスク）とその施設複合体（キュッリエ）の財源を支えるワクフの寄進文書も、何点か今日に伝えられている。

ファーティフ・モスクを支えるファーティフ・ワクフは、モスクを中心に、一五世紀後半から一六世紀中葉、スレイマン大帝がスレイマニエ・モスクを建立し、その付属施設としてスレイマニエ学院を創設するまで、オスマン帝国の最高学府であったファーティフ・イスラム学院（ファーティフ・メドレセスィ）、病院（ダール・ウッ・シファー）、キャラヴァン・サライなどを含む巨大な施設複合体を運営していた。その事業の一つとして、ファーティフ・モスクの境内にあるイマーレットが活発に活動し、貧者に施餓鬼を行うとともに、イスラム学院の教授と学生に給食を供し、また、キャラヴァン・サライ等への客人にも、三日間は無料で食事を供していた。

ファーティフ・ワクフの寄進文書をみると、救貧給食施設についても、こと細かに規定され、職員も、日々の献立も、その際に使用すべき食材の種類と量までが定められている。

それによれば、職員としては、事務方を除き直接料理にかかわる者だけでも、日給四アクチェの六人のコック（タッバーフ）と、同じく日給四アクチェの六人のパン焼き職人（ハッバーズ）が配され、他に、給食用の肉を仕入れ運搬するため、日給三アクチェの食肉専用の荷担ぎ人足（ハンマル）さえ使われていた。さらに、日給三アクチェの二人の麦係、日給二アクチェの二人の皿洗い係まで配されていた。これをみても、なかなか大陣容の給食施設であったことがわかろう。

イマーレットの献立

さて献立といえば、まずはオスマン帝国でも主食はパン（ナン）であり、毎日一・五ムドというから、約三八・五キログラムの純正優良な上質の小麦粉（ダキキ・フンタ）を仕入れ、パンを焼くこととなっていた。オスマン朝の食材として、ライ麦や燕麦もあったが、さすが君府の誇る征服者メフメットのワクフ、救貧給食施設とはいえ、黒パンなどは供さず、上質の小麦粉の白パンを日々供する定めであった。

副食としては、まず貧者にふさわしいのはスープ（ショルバすなわちチョルバ）であるが、毎日、米スープのために米（ベレンジュすなわちピリンチュ）が、麦スープ（ブーダイ・ショルバスゥ）のためには麦（ブーダイ）が、規定で定められた量、用いられる定めであった。さらに、蛋白質を多く含み滋養のあるひよこ豆（ノフート）もまた、日々用いられることとなっていた。ノフートは、われわれにとっての大豆にほぼあたる万能食材である。

これでも、まずはそこそこの食事であるが、さらに加えて、遊牧民さえなかなか飽食し得ぬ貴重な食材であり、かつトルコ人の最大の好物である羊肉（ラフム・ガネム）さえ、日々二四〇ヴキエというから約三〇八キログラムの割合で、調理のうえ供されることとなっていた。貧者の献立としては、まさに上々のものであったといえよう。ただ、日々の肉がどのような料理の形で供されるかについては、残念ながら何の規定もない。また、アーモンドと干葡萄と杏を十分に用いるべしともある。さらに、日々の食材として、日々野菜代が支出され、これらの料理食材の味つけには、専ら塩が用いられていた。これをみると、地方の庶民にはなかなか口にし得ない白いパンとスープと肉が供されることになっていたのであるから、さすがはスルタンのおひざもと、君府にふさわしい献立であった。

以上は平日の献立であるが、さらに加うるに、「はれ」の日の特別のメニューとしては、さらなる馳走もまた、用意される定めであった。まず年中を通じて、ムスリムの共同礼拝日である金曜（ジュマ）日の夜、といっても回暦の一日は日没とともに始まるから金曜の夜（ジュマ・ゲジェスィ）といえばわれわれの数え方では木曜の夜にあたるが、この夜には、特別の馳走として、ピラフとサフランで黄色に色づけした米の甘煮であるゼルデと、そして馬芹（クミン）で香りをつけた羊肉の煮込みであるジルバッジュが供される定めで、このため余分に米がこの日には給され、また、毎回、かなりの量の高価なサフランが用いられることとなっていた。また、イスラム暦の金曜の夜には、当時も貴重な甘味であった、蜂蜜（アセル）と、ジャスミンも与えられるべしとされている。ここまでくると、当時の救貧給食施設がいかによく配慮された施設であったかがわかり、また貧者の献立も捨てたものではなかったといえる。

祝祭日の馳走

しかも、毎年、特別の祝祭日には、特別食が用意されることとなっていた。まず、イスラム暦の第九月たるラマザン月（断食月）の間、夜食、といっても戒律で夜間しか食物をとることができないのであるが、金曜日と同じくピラフとゼルデとジルバッジュと、そして蜂蜜とジャスミンが供される定めであった。またこの時期の馳走は、ムスリムにとって年二回の大祝祭である回暦第一〇月初旬の断食月明けのラマザン・バイラムと、回暦第一二月の巡礼月中に行われる犠牲祭（クルバン・バイラム）の大祝祭日（イード）には、夜のみならず昼間にも供されることとなっていた。

こうしてみると確かに食材の種類は限られており、献立も変化にいささか乏しいが、貧者の献立としては、われわれの盆と正月の如き祝膳の馳走もあり、上々のものにて、文書中で自ら「貧者の饗宴の館（ダール・ウッ・ズィヤーフェイ・ファーキレ）」と号しただけのことはある。

なお、イマーレットは救貧給食のみならず、キャラヴァン・サライの客人等にも食を供していたことから、「名士の滞在客」のあるときは、この給食メニューとは別に、一回金一五アクチェの特別支出で、特別献立の大御馳走（ズィヤーフェット）も供しうることとなっていた。

給食施設の会計簿

これまで述べきたった貧者の献立は、あくまで、宗教寄進財産の寄進文書に書き記された事業内容にほかならない。しかし、寄進文書にこうあるからとて、実際に貧者の口に、前記の馳走のかずかずが入ったか否かは、これのみでは保証の限りではないことは、いうまでもない。実際、オスマン朝でも一六世紀末くらいから政治改革がかしましく呼号されるようになった頃に現れた種々の政論のなかでは、ワクフの形骸化とそこにみられる不正の数々が、難ぜられている。

しからば、ファーティフ・ワクフの実状は如何であったか。それを論ずるには、まずとりあえず会計帳簿を見るに如くはないであろう。そして、ちょうどおあつらえ向きのことに、実に建立者メフメット二世が西暦一四八一年に没して一〇年もたたぬ回暦八九四〜八九五年、西暦だと一四八九〜九〇年とその翌年の各一年間に関する、このワクフの会計表が現存し刊行されている。西暦一四八九年といえば、本邦では、この年の三月、足利義政の建立した東山の銀閣寺の棟上げが済んだ頃のことである。この会計表を閲《けみ》するに、まず主食については、寄進文書どおり、両年ともに一日一・五ムドの小麦粉（アルド）を用いるべく予定がたてられ、実際に回暦八九四年度には、年間三九六ムドの上質小麦粉（ダキク）がパン焼きいる。

に用いられている。ただ、翌年度には、火災を生じ台所そのものが消亡し、パン焼き竈《かまど》も焼けたとて、一時パンは外注に切り替え、年間で三〇三九アクチェをパン代として支払っている。

主食に準ずる穀物としては、米（エリズ）と麦（ゲンデュムまたはフンタ）が規定より多くスープ（ショルバ）用に予定され、米も麦も、実際にスープ用に消費されている。各金曜と二つの宗教的祝日用にも、米が用いられているが、これは、ピラフとゼルデの材料となったのであろう。ラマザン月用にも、毎回余分の米が用いられている。さらに、ひよこ豆であるが、寄進文書では何に用いるか書かれていないが、会計表のほうでは、毎日スープ用その他に用いていたとあるから、主として、スープの材料の一つに加えていたことが知れる。

肉については、これまた両年とも規定を上まわり、一日三〇〇ヴキエの割合で、八九四年に一〇万三〇一九ヴキエで金額でいうと一四万六八九五アクチェ、翌八九五年にはもう少し減っているが、九万二四五ヴキエ、一四万五一七一アクチェ分を消費しており、本当に大量の肉を供していたことが知れる。

貴重な甘味料である蜂蜜もまた、金曜とラマザンの夜と、特別の客人のために用いたことが知れる。これまた高価な香料である東地中海特産のサフランは、寄進文書にはジルバッジュ（羊肉煮込み）用とあるが、実際にはむしろ主としてデザートの米の甘煮ゼルデ用に用いられたことが知れる。こうしてみると、少なくとも一五世紀末の征服者メフメットの救貧給食施設での貧者の食卓は、少なくとも寄進文書以下のものではなかったと思われる。

なお、会計帳には、寄進文書に記されていない他の食材についての記述もあり、貧者への給食の実態がいま一歩詳しくうかがい知ることができる。各種野菜については、単に、野菜一般（セブゼヴァート）とあり、ただし、八九四年に一四四六アクチェ、八九五年に一〇七八アクチェが用いられたことを知りうるのみであるが、他に、野菜に類するもので調味料も兼ねた食材として、玉葱（ピヤズ）や薄荷《ミント》（ナーネ）が用いられていたことも知れ、他に材料は必ずしも詳《つまび》らかにしないが、各種の酢漬（トゥルシュヤート）も供されていたこともわかる。

食用油としては、これまた安価ならぬバター（レヴガーヌ・サーデ）を専ら用いていたようで、乳製品としては他にヨーグルト（マスト）の名もみえる。高価な食物としては、各種のジャム（リチャール）も少量ながら用いられており、おそらく、酸味用に未熟な葡萄も用いられていた。香料もまた色と香りのために用いられ、胡椒は何故かみえぬが、さきのサフランの他にも、乳香樹（マスタキ）、馬芹（洋名インドノ、トルコの古名、ケムン）なども用いられていた。

そして、客人用の特別の宴席の費用は、八九四年に四二七九アクチェ、八九五年に四一六〇アクチェと、意外に質素であり、費用の大半は、本来の目的のために用いられていたのであった。敬虔な施餓鬼の精神が、この頃はなお十分に生きていたのであろう。

ちなみに、このイマーレットの会計帳にはまた、ワクフに属する各地の農地の産物、収量の一覧も載せられ、貧者の食卓を飾る食材のかなり多くが、ワクフ自身の所有にかかる農場からの産物をもってあてられていたことも、知りうるのである。

巻ノ七　トプカプ宮殿の台所

トプカプ宮殿

西から東に突き出された犀《さい》の頭のような形のイスタンブル旧市街の東端に、淡青のマルマラ海を望む岬がある。今は宮殿岬（サライ・ブルヌ）と呼ばれ、ローマ・ビザンツ時代にはアクロポリスの存したこの緑に包まれた高台には、白味を帯びた一大建物群が拡がっている。その中で、灰黒色の四角錐の屋根をもつ尖塔が、ひときわ目を惹く。いうまでもなく、この建物群こそ、オスマン朝歴代スルタンの居城であった、いわゆるトプカプ宮殿（トプカプ・サラユ）である。

コンスタンティノープルの征服者メフメット二世が創設したこの宮殿は、かつてのビザンツの大聖堂アヤ・ソフィアの東北に位置し、南には、ひろびろとしたスルタン・アフメット・モスク東隣の広場をひかえている。征服者メフメットは、この街を征服し、オスマン帝国の本拠をこれまでの首都たる西方のエディルネからここに移したとき、最初の住居として、今日のバヤズィット広場の北、イスタンブル大学本部となっている地を選び、宮殿を造営した。しかし、まもなく、市場に近く安寧を求め難いとて、この宮殿に不満をもった。確かに、これまたその原型がメフメットの創設にかかると称される「カパル・チャルシュ（屋根つき市場）」、いわゆるグランド・バザールは、東南指呼の間にある。かくて、新たに適地を選び建設したのが、今日のトプカプ宮殿であった。

以後、第一の宮殿は、「旧宮殿（エスキ・サライ）」、第二の宮殿は「イェニ・サライ（新宮殿）」の名を得た。そして、「新宮殿」にスルタンの日常の居所と国政の場は移され、当初、「旧宮殿」に残されていた後宮（ハレム）が「新宮殿」に移り、「旧宮殿」が物故ないし退位した前代のスルタンたちのゆかりの女人《にょにん》たちの隠棲所と化したのは、メフメットの曾孫スレイマン一世の時代のことといわれる。ちなみに、今日最も世人に知られた「トプカプ宮殿（トプカプ・サラユ）」の名称は、マルマラ海へと突き出した宮殿岬東北部にある礼砲用の大砲を門前に備えた小門「大砲の門（トプカプ）」の名に由来し、近代に入り人口に膾炙《かいしゃ》するに至ったといわれる。

「宮殿岬」上にそびえるトプカプ宮殿に、イスタンブル市街から近づくとき、西にアヤ・ソフィアのそびえる広場を、北上していくこととなる。左手のアヤ・ソフィアの境内の尽きる頃、眼前には、淡い茶褐色の城壁と、その真中の巨大な門が迫ってくる。この大門こそ、トプカプ宮殿の正門というべき「帝王の門（バーブ・ヒュマユーン）」である。この門を入り、かつては宮殿の門衛や護衛のイェニチェリがたむろしていた鈴懸《すずかけ》の大樹の散在する広場をさらに北に直進すると、北面にやや低い塀が東西に拡がり、その中央に、左右に尖塔を備えた門に行き着く。「挨拶の門（バーブ・ウッ・セラーム）」あるいは単に「中門（オルタ・カプ）」と呼ばれるこの門をくぐると、南面を壁、他の三面を建物で囲まれた方形の中庭が拡がる。この中庭は、さまざまの宮廷の儀礼が行われたため、「行列の広場」と呼ばれていた。「行列の広場」の西側には、例の尖塔がそびえる一画があるが、この尖塔下の「ドーム下の間」こそ、かつてオスマン帝国の国政の中枢であった「御前会議（ディーヴァーヌ・ヒュマユーン）」の開かれた場であった。そして、広場北面中央の東洋風の門は、宮殿の外郭と公務の場からなる「外廷（ビルン）」と、そしてスルタンの私的生活の場で、男性のくつろぐところである「内廷（エンデルン）」を分かち、その名も「至福の門（バーブ・ウッ・サーデ）」と呼ばれていた。この「至福の門」を越えて内廷に入りうるのは、スルタンの絶対的代理人として国政の実質上の中心であった大宰相（ヴェズィラザム）の他、ごく限られた要人たちであった。そして「至福の門」のさらに深奥、内廷の西側に、トプカプ宮殿の最奥部たるスルタンの後宮（ハレム）の禁断の世界が隠されていた。

そして、「至福の門」の東南方、「中門」からみて中庭の右手には、屋根から多くの突起のつき出た平屋建ての長大な建物が南北に長く延びている。これこそトプカプ宮殿の厨房であり、屋根上の無数の突起は、かつての宮廷の竈《かまど》の煙突であった。

青磁の輝きと大鍋と

「行列の広場」の東側全体を占めるこの台所の建物は、今は、博物館となったこの宮殿のなかで、台所用具の展示場となっているが、とりわけ中国陶磁器を中心とする陶磁器展示室として内外に広く知られている。膨大な数に及ぶトプカプ宮の陶磁器コレクションには、中国の宋以来の青磁・白磁、元の染付、明以降の赤絵の名品の数々が含まれ、とりわけ、白地に濃紺の文様の浮かぶ元の染付のコレクションは、世界最大級のものといわれる。

はるばると万里の路を越えて、遠く中華の地から君府にもたらされた陶磁器は、これ物ゆえ持ち運びが難しく、金器銀器よりも高価な貴重品であった。しかし、オスマン宮殿の豪奢のなかでは、宝石にも等しい高価な青磁も染付も、日常の食器、容器として何げなく用いられていた。表面に擦り傷が残り縁の欠けた皿、わざわざ使い勝手の良いように金属の蓋を取りつけた壺などは、高価な陶磁器が、惜しげもなく宮廷の日常生活で用いられていたことを示している。

このかつてのスルタンの台所で、優美繊細な陶磁器群と、鮮やかな対比をなしてわれわれの目を惹くのは、無骨極まる巨大な鉄製や銅製の鍋類をはじめとする料理道具の数々である。かつて、毎日、何千人もの人々のために、その胃袋を満たすべく、多くの料理人たちが立ち働いていた光景を偲ばせるのが、この台所用具の数々である。

往時、三大陸に覇を唱えた帝王の住居であった頃のこのスルタンの台所では、煤の染みた大天井の下、いくつもの巨大な竈には火が赤々と燃えて薄暗い広大な台所を照らし、今はもはやただそそり立つのみの屋上の煙突からは、煙がたなびいていたことであろう。そして、竈の上では大鍋が沸きたち、羊肉の煮える香《かぐ》わしい匂いがたちこめていたことであろう。

スルタンの台所

このスルタンの台所は、「行列の広場」に面する南北の壁面が約一七〇メートル、東西の奥行が約三〇メートルと、ごく細長い建物で、その主要部分は、「マトバーフ・アミレ（大膳所）」と呼ばれる部署に属していた。面積にして一五〇〇坪余りのこの施設のなかには、職員たちの住居や彼らの礼拝用の特別のモスクも含まれ、本当に調理の行われる狭義の厨房は、この一大建物の東北隅を占める南北約九〇メートル、東西約一七メートルほどの部分であった。面積にして五〇〇坪に近いこの巨大な台所は、それぞれ煙突のついたドームの下に、巨大な竈のある一〇の小厨房に分かれており、そのうち最も北寄りの二つは、菓子作り専用の厨房で、「ヘルヴァ・ハネ（甘味所）」と呼ばれる組織に属していた。残る八つが本来の大膳所の厨房であり、ここで作られる料理が、何千人という宮廷の住人と宮廷への訪問者の腹を満たしたのであった。そして、原初には、スルタン自身の食事も、ここで作られ、内廷へと運ばれ、御前に供されたのであった。しかし、のちには、スルタン用の料理だけは、「至福の門」の門内、内廷に設けられた「クシュ・ハネ」と呼ばれるごく小さな台所で調理され供されることとなった。しかし、スルタンの台所というと、何よりもまず想い起こされるのは、やはり、「行列の広場」に面する巨大な大膳所であった。

宮廷のコックたち

後年、イスタンブルの人々の間で、佳味なる料理、甘美なる菓子を、何かといえば「サライ（御殿）風」と名づけたように、栄華を極めたオスマン宮廷の料理、菓子は、トルコ料理の精髄というべきイスタンブル料理中、他を冠絶していた。さりながら、かような美味佳肴を調《ととの》えるのは、後宮の女性《にょしょう》たちにはあらずして、宮廷に仕えるスルタン子飼いの男性たちであった。

大膳所の八つの小厨房には、各々一名の料理長（アシュジュ・バシュ）が任ぜられ、各々が各厨房で専用の一つの竈と一つの炉と自らの配下を有し、そのうち最古参の者が、総料理長（バシュ・アシュジュ・バシュ）と呼ばれ大膳所をとりしきった。実際には、八人の料理長は、交替で一日おきに働いたという。この総料理長を含め八名の料理長の下には、一六世紀半ばには、六〇名のコックと二〇〇名の補助者がいたという。

今日に伝えられたオスマン帝国の各年の歳入歳出表をみると、スレイマン大帝の初年にあたる西暦一五二七～二八年の歳出表では、大膳所の職員は、二七七名である。これでも、かなりの大陣容であるが、宮廷が拡大するにつれ大膳所の職員も増加し、スレイマン大帝の没年の翌年である一五六七～六八年の歳出表では六二九名となり、その約一〇〇年後の西暦一

宮廷の料理長。２つの調理鍋の前に立つ

六六九〜七〇年の歳出表では、実に一三七二名に達している。この年、地方に知行を与えられた騎兵らを除き、イェニチェリも含め国庫から直接俸給を与えられていた者は総計九万八三四二名であったというから、比率からいってもその一・四パーセントにあたり、もはやここまでくると肥大しすぎの感がある。

この宮廷のコックたちは、見習いから一人前のコックへ、そして次席コックから料理長へと、順次昇進していった。しかし、長ずれば美髯《びぜん》を蓄えるのが例であるこのコックたちは、単なる料理人にとどまらず、宮廷中の一部局、外廷の職員であるとともに、戦時には軍務に就いた。実際、彼らの俸給は、歳出表では常に常備軍団の俸給の延長線上に位置づけられ、財政組織の整った一七世紀後半には、彼らの俸給はイェニチェリらと同じく歩兵俸給局の所管であった。

そもそもこのコックたちの多くは、出身からしても、外廷の他の職員たちと同じく、イェニチェリをはじめとする奴隷軍人からなる常備軍団用の人員を補充するためのデヴシルメ（少年徴集制度）なる制度により補充された者が多かった。デヴシルメについては後述するが、それゆえ、このコックたちは、必ずしも終生厨房にとどまるものではなく、料理の修業とともに武芸馬術をも修め、また治国の方策の一端をも学んだのであった。そして、彼らは、期満ち時至れば、栄転して外廷、常備軍団等に転じ、時には政府の高官となる者もあった。

その一例として、一七世紀後半、オスマン帝国の栄光が翳《かげ》りをみせ始めた頃、国難にあたり特に選ばれて大宰相となった名高いキョプリュリュ・メフメット・パシャがある。メフメットは、元来はアルバニア系で幼少時に帝都に連れ来られて宮廷に入り、三〇歳代には大膳所のコックであったが、のち庇護者を得て内廷に入り、騎兵となって宮廷を出、県知事、州の総督等を歴任したが、十分な栄達を果たせぬまま八〇歳を過ぎた一六五六年、宿敵ヴェネツィア共和国の攻勢の危機に際し、特に抜擢されて大宰相となり、難局を打開し、八六歳で没するまで、国政改革に精励した。メフメット・パシャは改革者としてはトルコでは誰知らぬ者ないほどに有名であるが、大膳所のコック出身であったとはいえ、料理人としての腕については、何も伝えられていない。

スルタンの食費の巨大さ

スルタンの台所のコックたちは、武張った武人型の人々であったが、大膳所の事務を司り、食材物品を仕入れる仕事にあたるのは、大膳所長官（マトバーフ・エミニ）以下の事務官タイプの書記（キャーティプ）を中心とする人々であった。大膳所長官は、内廷の職員ながら、中央官庁の局長クラスの高官であり、国の文書行政や財政を司る実務官僚たちの組織の一員でもあった。

大膳所長官配下の書記たちは、金品の出納を詳細に記録し、それを保存していたが、毎日数千人の人々に食事を供するこのスルタンの台所の年間費用は、膨大な額にのぼった。国家の歳入歳出表にもまた大膳所につき記録がある。ちなみに、スレイマン大帝の初年の西暦一五二四〜二五年の一年間の費用は、二〇二万一七五〇アクチェに及び、地方の知行を除く国庫中央のこの年の支出の総計の一・五六パーセントを占めた。この額には、コックたちの俸給は含まれていない。しかし、オスマン帝国の黄金時代の門口にあったこの時代の大膳所の費用は、まだ後代からみれば、甚ださささやかなものであった。スレイマンが一五六六年に没した翌年、その王子で彼の後継者となったオスマン朝第一一代セリム二世の治世下の一五六七〜六八年の大膳所の年間支出は、五四六万八七七六アクチェに及び、国庫中央の支出総額の二・〇四パーセントに達する。

さらに、帝国の国勢そのものは下り坂にあり、コック出身の大宰相キョプリュリュ・メフメット・パシャの息子で名宰相の誉れ高いファーズル・アフメット・パシャが、父の跡を承けて大宰相として改革に努めていた西暦一六六九〜七〇年の一年間になると、国庫中央の支出総額も、この間インフレもあるが、実質的にも旧に倍する額に及んでいたが、大膳所の経費のほうはそれを上まわる成長ぶりで、五二四九万三八〇一アクチェの巨額に達し、国庫中央の支出の実に八・二三パーセントに達していた。ここまでくると、やはり贅沢が過ぎるとの感をまぬがれ得ないが、しかし、美味を生み美味を解する者をはぐくむには、贅沢は欠かせぬものであるし、その結果、オスマン帝国消滅後、時久しくしてなお中東随一の食都として君府の名を高からしめているとすれば、採算はとれているのかもしれない。

かように法外な食費で支えられた怪物のようなお台所なれば、食材のほうもさぞかし豪勢で種類豊富であったろうと興味をそそられるが、これまた幸いに、支配の組織が整然として官僚がとりしきるお国柄であったため、古くはコンスタンティノープルの征服者にしてトプカプ宮殿の創設者でもあるメフメット二世時代に遡る宮廷の台所の会計簿が、今に伝えられている。

宮廷の台所の会計簿

なかでもとりわけ古いものに、メフメット二世治下の西暦一四六九年六月一二日〜七月一〇日にあたる回暦八七三年第一二月、この月の日を追った宮廷の支出簿がある。西暦一四六九年といえば、本邦では室町時代、時あたかも応仁の乱の始まって二年目の頃であるし、オスマン朝では、「花の御所」の主で将軍であった足利義政とほぼ同時代人である、征服者メフメットがコンスタンティノープルを手中にしてから一六年目、彼自身の建立になる征服者モスク（ファーティフ・ジャーミー）が完成に近づきつつある頃で、トプカプ宮殿もまだ完成前で工事が進行中の時期であった。ここで回暦の第一二月は、「巡礼月」であり、善きムスリムにとり健康と財力が許せば果たすべき神聖な義務としての正式のメッカ巡礼（ハッジ）はこの月に行われる定めとなっている。そして、巡礼月中の一〇日目は「犠牲祭」の一日目であり、メッカ巡礼中の者は聖都で犠牲を捧げるのである。メッカ巡礼の幸運な機会を得ぬムスリムもまた、この日、必ず犠牲を捧げるのが例である。この月は、四季の運行とはかけ離れた純粋の太陰暦たるイスラム暦に従い宗教中心の年中行事を重んじているムスリムにとっては、われわれの正月にも等しい日も含む特別の月でもある。

この月の大膳所の支出の総計は、六万三五九五アクチェである。この時代の一アクチェは一六四〇年のそれの約三・三倍の価値があり、邦価約一〇〇円にあたるから、スルタン宮廷のこの月の食費は、六〇〇万円を超えていたことになる。もっとも、この額は、必ずしも食材の値のみではなく、右手の指先で食する作法ゆえ食事にはつきものの手を洗うためのイラク製の石鹸代といった食事関連の消耗品、壺、瓶《びん》、箱といった容器、食器等々も含まれていた。さらには、この月には犠牲祭があり、犠牲に捧げた動物の肉の一部は貧者に分かち与えるのが習いであることから、貧者への施しとしての六〇〇〇アクチェといったものも含まれていた。

征服者メフメットの大膳所の食材御三家

このメフメット二世時代の「巡礼月」の大膳所の支出簿のうち、まず月間の総括というべき月間集計表からみることとして、食材だけに限ると、この月独自の支出として、同月九日に購われた犠牲用の牛が目につく。犠牲祭で神に捧げる犠牲は、その起源からすれば羊であり、その後も今日に至るまで羊を用いる場合が圧倒的に多い。しかし、時には、駱駝や牛の如き大型の動物を供えることもあり、この節も、これに従ったのであろう。

支出簿に記録された犠牲用の牛は二〇頭に及び、甚だ大量の肉が、この犠牲から得られたことであろう。値段のほうも、一頭あたり一四〇アクチェのものが一七頭、一頭二〇〇アクチェのものが三頭で、計二九八〇アクチェであった。しかし、われわれの正月にも等しい犠牲祭のための帝王の出費としては、むしろまだ控え目のものであったのかもしれない。

このような正月用の食材にも等しい特別の費目を除くと、金額のはる食材の御三家ともいうべきものは、この月に限ってみれば、第一位は砂糖で一万二〇三八アクチェ、第二位は小麦粉の九四八九アクチェで、第三位はバターの九〇二〇アクチェであった。

砂糖は、当時はイスラム世界においても稀少で高価な食材であったが、イスラムの戒律で飲酒を禁ぜられているため、生活の楽しみのための最大の必須品の一つであったであろう。スルタンの宮廷には、通常の台所の他に専用の菓子製造所たるヘルヴァ・ハネなるものがあったくらいであるから、砂糖がこの月の食材費中の第一位を占めていたのも当然かもしれない。

第二位の小麦粉は、いうまでもなくオスマン帝国を含めたイスラム圏の主食たるパンの材料でもあり、かつまたさまざまの軽食用食品や、菓子の素材でもあった。この支出簿でも、月間集計表からさらに毎日の詳細帳につきみてみると、この小麦粉は、パン（ナン）用の他に、胡麻をふった丸い輪の形の塩味の堅パンたるシミット用、代表的トルコ焼き菓子たるパイ状のバクラヴァ用など、主食のみならず甘辛両用のさまざまの食物の原料ともなっていた。

第三位のバターは、今日と同じく生食用より、温かい料理の調理のために欠かせぬ素材であるとともに、バクラヴァなどの菓子の材料としても大量に用いられていたことであろう。

この月の支出簿では、通常は副食物の最も中心的素材である羊は、五頭一八〇アクチェに加えて、子羊が一八頭二五四アクチェを数えるにすぎず、甚だ少ない。しかし、この月は、犠牲祭で大量の牛を屠《ほふ》り、膨大な量の肉を得ていたことが、この数字の一つの原因であろう。これに加えて、羊はまとめ買いの習慣があったようで、そのことも、説明の一つとなろう。すなわち、回暦だとこの年の翌年にあたる回暦八七四年第三月、西暦の一四六九年の九月七日から一〇月六日にあたる月には、羊一〇〇〇頭二万九〇〇〇アクチェもの大量の買い物をしている例がある。オスマン朝下、最も大切な副食の食材たる羊肉は、帝国各地から御用食肉用家畜商人（ジェレプ）が、食用の生きた羊を、帝都にもたらす例であったから、良品がもたらされた折に、まとめ買いしていたところが、この月にはそのような機会がなかったのであろう。

征服者メフメットの台所の食材の数々

さて、本邦では応仁の乱たけなわであった頃の君府の宮廷の大膳所で用いられた他の食材に目を転ずると、ちょうどこの帳簿が書かれた回暦八七三年第一二月の巡礼月というのは、西暦一四六九年六月半ばから七月半ばの、イスタンブルもそろそろ暑くなり始めた頃で、支出簿でも、水と氷が載っている。氷は、遠く、古都ブルサ近郊の高山ウル・ダーの氷室《ひむろ》に蓄えられたものをはるばると取り寄せたのである。氷は、どこから取り寄せたのか判然としない。氷は、征服者メフメットの息子のバヤズィット二世時代の西暦一四八九年二月二日より、一四九〇年一月二二日、すなわち銀閣寺の出来た年にあたる回暦八九五年についての通年の大膳所の支出簿にも、ちゃんと載っており、常に必需品であったことが知れる。

肉類の重要な食材についてみると、まず肉類としては、両支出簿に、羊の他に子羊（ベッレ）があり、八七三年のには雄牛、より後年の支出簿である八九五年のものには、他に子山羊（ビュズガレ）があった。また、八七三年のには、羊頭羊足があり、八九五年のには胃袋（シケンベ、すなわちイシュケンベ）、さらに、加工品たるパストゥルマもある。また、両簿ともに鶏（マキヤン）がみられるが、これは、スルタンや宰相の御馳走用であるとともに、病気の宮廷職員の病人食としても用いられたことが詳細帳で知れる。ちなみに回暦八九五年には、年間一万三三六羽の鶏を消費している。病人食として用いられたことは、両簿ともにみえる鶏卵（ベイザ）についてもいえる。八七三年のものには、さらに家鴨と鳩（クムル）

もあり、当時は鳩も食したことがうかがえる。

乳とバターと油と

宮廷でも乳製品も勿論多く用いられ、まず両簿に共にチーズ（ペイニル）、ヨーグルト（マースト）、そして大量のバター（レヴガーヌ・サーデ）が載っている。これに、八九五年簿には、トルコ式生クリーム（カイマク）と、そして乳（シール）そのものが加わるが、これは加工して何かの材料にしたものであろう。

油としては、バターが主であったのは確実であるが、他にオリーヴ油（レヴガーヌ・ゼイト）が両方にあり、またともに羊脂（レヴガーヌ・ドゥンベ）を載せているが、これは食用か灯火用かはっきりせぬ。

穀物と粉と

食材御三家に名をつらねる小麦粉以外の粉や穀物はどうかというと、八七三年簿では取り入れの季節外のためか米がみあたらないが、八九五年簿ではかなりの量の米（エルズ）が用いられている。またともに、小麦粒（ゲンドゥム）と、茹でてから挽き割りとした小麦であるブルグルがみられ、今も農村の常食の一つで、都市ではケバブにピラフとしてついてくるブルグルが、当時の君府の宮廷でも食されていたことが知れる。

今日もよく菓子作りに用いる米粉は、上の米を挽いて作ったためか、支出簿中には食材としてみえぬが、同じく、とりわけ甘い菓子作りに欠かせぬ澱粉（ニシャスタ）は両方ともに載っている。但し、この澱粉の材料が何であったかは、この表だけでは判然としない。一年間にわたるだけに食材の種類も倍以上に及び八九五年簿には、こごり乳と小麦粉で作った、トルコ版ホワイト・ソースの素というべきもので、スープや乳菓の材料となるタルハナなる食品もある。また、用途がいま一つはっきりせぬが、大麦の汁（ジェヴ・アーブ）もみえる。

甘味料と塩と酸味料と

調味料に目を転ずると、まず甘味料としては、食材御三家にすでに挙げたように、高価で貧者の給食には全く登場しなかった砂糖が実に大量に使用され、豪華さを際立たせていたが、同時に貧者と庶民の甘味料であった蜂蜜（アセル）も、大量に用いられ、両帳簿に載っている。甘味とともに、八九五年簿では、菓子の一種でアーモンドと蜂蜜入りのケーキであるズラビーヤなる菓子を何故か外注したとみえ、これも載っている。

辛いものとしては、八七三年簿では、この月に購入しなかったようで料理の必需品たる塩の名がみえぬが、八九五年の帳簿には、粗塩（ネメキ・ハリジー）、そして、ワラキア産の塩（ネメキ・エフラキー）が載っているが、後者は、岩塩である。また、ここでは、食材の基本中の基本たる塩の名まで、トルコ語のトゥズでなく、ペルシア語のネメクの語が用いられており、財政用語へのペルシア語の影響の強さがうかがえる。同じ辛いものでも香辛料については、のちにふれる。

甘味辛味から酸味に移ると、両簿にともに酢（シルケ）があり、八九五年簿には、「ハルダル・ヴェ・シルケ」なる一項目があるが、これは、酢で溶いた洋辛子（ハルダル）であろうか。さらに、八九五年の会計簿には、酸味料として酢の他に、レモン汁（アーブ・リモン）、未熟の酸っぱい葡萄の汁（アーブ・グレ）、そして石榴汁（ナールダン）もみえる。酸味料も、料理や菓子の種類により、微妙に異なる味のものを用いたのであろう。

豆のいろいろ

ここで、植物性のおかずの材料に話を移すと、両簿ともに、今日もメルジュメキ・チョルバスゥとして頻繁に用いられるレンズ豆が、これはアラビア語起源の「アデス」の名の下に載っており、すでに当時から不可欠の食材だったことが知れる。一年分で食材数も広汎にわたる八九五年の大膳所の支出簿には、さらに、ひよこ豆（ノフート）、生の空豆（バクライ・ターゼ）、そして今日でもやや珍しい食材である木ささげ（ボールュルジェ）が載っているが、今日、庶民の不可欠な食材たる白隠元豆（クル・ファスリエ）は「新大陸」渡来品であるからみえない。

一五世紀にも食べられていた野菜の種類

青物については、回暦八七三年の月間集計表では、一括して野菜全体（セブゼヴァート）の項目があるにとどまり、個々の野菜としては、刻み玉葱（ピヤズ）が載っているにすぎない。

これに対し、八九五年の支出簿では、莫大な量の玉葱（ピヤズ）も記されているが、他にも多くの野菜の名が挙がっている。まず、葉菜からいくと、香味野菜でもあるミントの生のもの（ナーネイ・ターゼ）が、漬物（トゥルシュ）用として挙がっている。これに類するものに、いま一つパセリ（マイダノス）もちゃんと載っている。菠薐草《ほうれんそう》（イスパナク）も、そしてペルシア語起源のケレムの名の下にキャベツ（ラハナ）も、また、不断草《ふだんそう》（パズゥ）もすでにみられる。

実を食するものとしては、今日もおなじみの胡瓜（フヤール）、茄子（バジンジャン）がみえる。胡瓜など、年間九二四〇本も用いている。またマグズ・デョクナルなる名がみえ、これは後には南瓜の一種のなた瓜を指すが、米大陸到着以前のことであるから、普通の瓜であろう。

根菜には、人参（ハヴチュ）が多量に用いられ、蕪（シェルジェム）もみえる。野菜については、やや種類が乏しいようだが、実際には、もっと種々のものも用いられていたものの、支出簿には記入されなかったのかもしれぬ。なお、野菜の延長線上で、これは製品を外注したとみえ、香味料に近い、酢漬のレモンと、ケイパー（ケベッレ）のつぼみの酢漬も載っている。

宮廷で食された果物尽し

まず、君府の食材の分類では、果物より酸味料に近いレモンは、八七三年と八九五年の両支出簿にあり、とりわけ後者をみると年間に一万一五〇〇個のレモンが消費されているというから驚く。八七三年巡礼月の支出簿では六、七月と果物の盛りの時期であるのに、他の果物は殆どすべてが単に「果物（メイヴァ）」の名の下に、一括されてしまっている。僅かに、無花果（インジル）、野生の杏（ゼルダール）が載っているにすぎない。

これに対し、八九五年の年間支出簿では、種々さまざまの果物の名がみえる。すなわち、今日われわれにもなじみ深い林檎が、これまたペルシア語起源の古名シーブとして記されるのをはじめ、同じくペルシア語名の下に、生食用の葡萄（エンギュール）、西瓜（ヒンディヴァーネ）、石榴（エナール）があり、アラビア語起源の名の下には、李《すもも》（アルー）と黒李《くろすもも》（アルーイ・シヤー）、そしてトルコ名の下に杏（カユス）が載っている。桜桃はギリシア語起源のキラスの名の下にみえる。また洋梨（アルムート）もある。

少し変わった果物では、ペルシア名でアイヴァ（マルメロ）、そして、トルコ産橙《だいだい》たるトゥルンチュがあり、また、シロップ用として桑の実（トゥト）が並ぶ。未熟なまだ酸っぱい葡萄（グレ）もみえるが、これも汁をとって調味に用いるのであろう。干した果物としては黒い干葡萄と赤い干葡萄の名がみえ、これは八七三年簿にもある。

会計簿に現れる木の実

果物から木の実、干果に目を転ずると、両簿に、アーモンド（バーデム）とペルシア語起源のギルデギャーンの名の下に胡桃があり、八九五年簿には、さらに、栗（ケスターネ）、ピスタチオ（フストゥク）、炒りひよこ豆（レブレビ）がある。後二者は甘くない辛党向きのナッツ類であるが、干果でもごく甘いものでは、君府ではとれぬ南方産の棗椰子《なつめやし》の実（フルマ）もみえる。

香味料と香味野菜と

香味料に近いものとなると、両簿に、胡麻（セムセム）があるが、これは、そのままドーナツ型の塩味の堅焼きパン、シミットに使用され、また、巻ノ五でみた如く、すり潰して、甘い菓子ヘルヴァの材料にもなる。さらに両簿に載っている地中海産の香料としては、ミント（ナーネ）のおそらく干した葉、今もケバブ屋の卓上にあがる紫蘇《しそ》の葉に似た酸味の強い薬味ソマク（スンマク）、そして黄色の色付けにも用いるサフラン（ザフラン）があった。

染料も兼ねた香味料として、八七三年簿のほうには、赤色染料ともなる、犬サフランの種（トフム・アスフール）があり、これは、八九五年簿には何故かみえない。しかし、後者には、前者にない、洋辛子（ハルダル）、デイル（デレ・オト）、馬芹《クミン》（ケムン、今日のキムヨン）、大蒜《にんにく》（サルムサク）、そして、もっと香料らしく菓子によく用いる乳香樹から製した香料で今日では普通、生産地の一つキオス島のトルコ語名からサクズと呼ばれるマスタキ《マスティック》も載っている。

宮廷に漂う東方の香料の香気

以上は、地中海地方産のハーブ、スパイス類であるが、これだけでも、香料、ハーブに元来縁のないわれわれには、随分、いろいろの香りの食材を食卓に供したものだと、驚かされる。

しかし、かつて泰西の人々をも驚かし、羨望させた東方の食材といえば、何よりも、君府よりまた遥か東方、印度、そして東南アジアからもたらされる東方の香料であった。すでに、君府征服前からも「香料の道」をはるばる辿ってきた香料をめぐる東西交易に関与していたオスマン帝国の帝都イスタンブルの宮廷では、勿論、当時の西欧人にとっては甚だ高価な東方の香料がふんだんに用いられていた。このことは、「香料の道」の最大のターミナルたるエジプト、シリアを未だ手中にしていなかった頃のオスマン帝国の帝都にも、なおあてはまる。

実際、コンスタンティノープル征服後一六年を経たにすぎない、西暦一四六九年にあたる回暦八七三年巡礼月の大膳所の支出簿にも、丁子（カランフィル）、生姜（ゼンジェビル）の名がみえる。そして、この東方からの香料交易をめぐり、西欧人が新たな努力を傾けたことによって始まる、いわゆる西欧人の「大航海時代」の幕を切っておとすこととなったコロンブスのアメリカ大陸への船出の二年前にあたる一四八九年から九〇年にかけての回暦八九五年の大膳所の支出簿には、君府には同じく印度からもたらされた生姜に加えて、まさに胡椒（フュルフュル）、肉桂（ダルチン）の名がみえる。

そしてさらに、この支出簿のなかでも最も高価な食材として、麝香《じゃこう》（ミスク）と、それに次いで高価であった竜涎香《りゅうぜんこう》（アンベル）の原材料（アンベリ・ハム）も、みられるのである。

オスマン帝国の興隆と大膳所の食材

これだけでも、すでに一五世紀後半において、君府の宮廷の台所の品揃えは、多種多様であり、かつ、なかなかに豪勢であったといえよう。しかし、一六世紀に入り、帝国の版図が、さらにエジプト、シリアに拡がって、「香料の道」の西のターミナルを全面的に手中にし、帝国が黄金時代に入ると、大膳所の組織と会計の規模も拡大し、また食材の種類も大幅に増加していった。

実際、一六世紀中葉、オスマン帝国の領土が地中海の約四分の三近くをおおうに至り、帝国の黄金時代を迎えた、征服者メフメットの曾孫のスレイマン大帝の時代の大膳所の支出簿が残されているが、そこでは、メフメット二世、バヤズィット二世時代には宮廷の台所が単一の組織であったのに対し、スルタンの居城である新宮殿（トプカプ宮殿）に加えて、旧宮殿（エスキ・サライ）、今日のイスラム・トルコ美術博物館の地にあったイブラヒム・パシャ宮殿（イブラヒム・パシャ・サラユ）、新市街の独立大通り（イスティクラール・ジャッデスィ）の中程に今も残るガラタ・サライ・リセの地にあったガラタ宮殿（ガラタ・サラユ）が、各々別組織となり、さらに、トプカプ宮殿の台所も、主たる台所の大膳所（マトバーフ・アミレ）に加えて、菓子と医薬の調製にあたる甘味所（ヘルヴァ・ハネ）が、各々、別の支出簿をもつ組織となっていた。

スレイマン大帝の晩年に属する、回暦九六二年の一時期（西暦一五五四年一一月二三日〜一五五五年七月二一日）の宮廷の台所の支出簿をみると、甘味所（ヘルヴァ・ハネ）で用いた食材、薬品のみで一〇〇種を超え、レモンを九ヵ月弱の間に一万個を消費するほどとなっていた。

そして、スレイマン没後、国勢の拡大には翳《かげ》りを生じ始めた一六世紀末から一七世紀初頭にかけても、宮廷の台所の規模の拡大と食材の豊富化はさらに進んでいった。ちなみに、スレイマン大帝の王子で彼の跡を継いだセリム二世時代の回暦九八二年（西暦一五七四〜七五年）の支出簿でみると、大膳所で用いた食材は、一五〇種近くに及び、これと重複は多いが別に甘味所で用いた食材は、二〇〇種近くに至っていた。

今日の食都イスタンブルの食の多様性と洗練は、かような、かつての君府の宮廷の食の世界の豪奢と洗練を経て、初めて成り立ち得たのである。

巻ノ八　スルタンの食卓

俸給日のイェニチェリへのスープの振舞い

宮廷の台所の本務は、宮廷内の人々に食を供することであったが、外来者に振舞われる食事、菓子、飲料を製することもまた重要な任務だった。そのうち、量のうえで最大の仕事の一つは、イェニチェリへの俸給支払い日に、俸給を受け取りに宮廷にやってくるイェニチェリたちに、恒例のスープ（チョルバ）とピラフを振舞うことであった。

火砲を巧妙に操る歩兵で、オスマン帝国の最精鋭部隊だったイェニチェリ軍団の兵士たちは、イスタンブル市内の兵営に集住し、国庫から直接、日給ベースで現金で俸給を与えられていた。その俸給は、回暦に基づき年に四回、三ヵ月分が、俸給台帳に従いまとめて支払われることとなっていた。軍団への俸給は、部隊分ごとに貨幣を黄色い皮袋に詰めて用意され、俸給日には多数の士官と兵士たちが、その受け取りのために、トプカプ宮殿にやってきた。そして、コンスタンティノープル征服の頃には、すでに一万名近くに達していたと伝えられ、一六世紀後半になると二万名を超えるほどとなった軍団の兵士たちには、部隊ごとに、軍団の長官たるイェニチェリ・アースゥ（イェニチェリ軍団長官）の監督下でその官銜《かんが》たる「イェニチェリ長官府」にて、この袋から、各人の日給額に従い支払われたのである。

この俸給支払いの日には、トプカプ宮の中庭には、スープを入れた大鍋と、ピラフを山盛りにした夥しい数の器が据えられ、この日のために集ったイェニチェリたちに、スープとピラフが振舞われた。そして、その後、さらにデザートとして、サフランで黄色く色づけた米の甘煮に「鳥の葡萄（クシュ・ユズム）」、すなわちカラントを加えたゼルデという甘味が、供された。

大勢の兵士たちの食の作法は、決して優雅なものではなかった。イェニチェリたちは、ピラフの器に腕まくりして手を突っ込み、少しでも多くピラフを得ようと試み、甚だ無粋なありさまであったという。スープのほうは、さすがに鍋から各々が匙ですくって飲んだ。銘々が、イェニチェリ特有の、四角く白く頭上に高くそびえ、背中にかかるたれのついた頭巾《ずきん》の前立てにさした匙を取り出して飲んでいた。

服従の象徴としてのスープ

このスープの振舞いは、伊達に行われたわけではなく、実は帝国の国政にもかかわる一大事でもあった。そもそも、イェニチェリへの俸給をきちんと支払いうるかどうか自体が、重大な国事であり、支払いが滞れば、軍団は不穏となり、政界に暗雲を巻き起こすのであった。

とりわけ、イスラムの暦は太陽暦と同じく一二ヵ月に分かたれてはいるが、純粋の太陰暦であるため、月と日の一年の周期の違いから、太陽暦よりも一年が約一一日短い。このため、回暦に従い支払われる年四回の俸給支払い日が、太陽暦の正一年の間に五回来る年が巡ってくる。

ところが、俸給の財源である租税のほうは、農産物への課税に頼るところが大きいから、太陽暦ベースで取りたてる他はない。そこで何年かに一回、一年に五回分の俸給を支払わねばならない年が巡ってくることとなり、これを「消え去り年」と呼んだ。この「消え去り年」には、イェニチェリへの俸給の支払いに齟齬《そご》を生ずることが多く、イェニチェリの騒乱や政変が起こることが多かったという。

元来は、自立の気風の強い原初以来のムスリム・トルコ系のガーズィー（聖戦の戦士）たちへの統制を強めるべく、君主直属の常備軍として創設育成されてきたのが、イェニチェリ軍団である。イェニチェリはまたオスマン朝の君主の一身に専属して忠誠を尽さすべく、異教徒で異民族出身の奴隷からなる奴隷軍人であった。そして、その要員を得るためには、オスマン朝独自の工夫により、遅くとも一四世紀末までには、帝国領内のキリスト教徒臣民の子弟から身体強健、資質優秀そうな一〇代の少年を強制的に徴集してスルタンの奴隷とするデヴシルメ（少年徴集制度）が成立したようである。そして、得られた少年たちは、スルタンの奴隷としたうえでイスラムに改宗させ、とりわけ容姿端麗、資質有望そうな極く少数の者は宮廷用に採用したのち、残る者には、トルコ語を教え、特殊訓練を施し忠実にして精強な要員を確保しているはずであった。

確かに、イェニチェリは、精強な歩兵として、幾多の戦いを勝利に導いた。一六世紀初頭、イランに興ったシーア派の手強い新興国家サファヴィー朝の誇る遊牧騎馬軍を破ったのもこの軍団であり、かつてシリアに侵入したモンゴル軍さえ破った実績をもつ、エジプトのマムルーク朝の誇るマムルーク騎兵を撃滅するに最大の功績を示したのも、イェニチェリであった。

しかしその数が、一六世紀初頭ですでに一万近く、この世紀の後半には二万を遥かに超えるに至り、帝都に駐屯するこの軍団は、戦場では不可欠ながら、政治にも口をさしはさみ、スルタンや大宰相にも、なかなか気のおける存在となっていった。そして、この頼もしくもあるが厄介でもある一大軍事集団の世論の動向を占う重要な手だてが、彼らのスープの飲み方と彼ら自身がスープを作るために大切にしている大鍋(カザン)の扱いであったのだ。

イェニチェリたちは、不満を抱くと、宮殿で俸給支払い日に振舞われるスープを、「こんなものが飲めるか」とて、拒否するのであった。そして、さらに不満が昂ずれば、平時にも戦時にも、平素、自分たちの飲むスープを作るために用い、各々の部隊のシンボルともなっている本邦の旧帝国陸軍の連隊旗にも比すべき大鍋を覆して屯所の広場に並べ、「もう我慢できぬ」と反旗を翻《ひるがえ》すのであった。

今でも、トルコ語で「大鍋を覆す」といえば反乱をおこすことを指すが、事態がそこまでいかなくとも、俸給支払い日のスープをイェニチェリたちが飲むのを拒むとなれば、帝都の騒擾《そうじょう》につながりかねず、下手をすれば当面の政権の担当者たる大宰相の首が文字どおり飛んでしまう。

それゆえ、トプカプ宮殿の中庭でのイェニチェリへのスープの振舞いは、単なるスルタンの大盤振舞いであるのみならず、一大国事でもあった。この政治的に誠に重要であったスープは、はじめは麦入りスープ、より後代には米入りスープとなったようであるが、その食物としての味がいかなるものかについては、史書は、遺憾ながら黙して語らない。

この国政上の一大事である俸給支払い日には、その平穏な終了を祈って、「信心糖（アキーデ・シェケリ）」なるものを、大宰相をはじめ政府高官たちと、イェニチェリ軍団のほうでも、軍団の幹部たちに配るのが例であった。大宰相には、五〇〇ディルヘムというから約一・六キロ程ものこの砂糖菓子が贈られたという。長髭を蓄え頭上に高くターバンをそびやかす大宰相も、政府高官たちも、この飴を味わいつつ、かたずをのんで、なりゆきを見守ったことであろう。

そして、軍団への俸給支払いが無事終わると、これをアッラーに謝すべく、犠牲の獣を捧げたのであった。

トプカプ宮の大膳所の重要任務の一つにはまた、帝国の最高政策決定機関たる「御前会議」の開催日に、その出席者たちに午餐を供することがあった。「御前会議」は、元来は、君主が重臣たちとともに庶民の訴えを聴くというイスラム世界の慣行に由来するもので、オスマン朝でも初期の君主たちは、重臣を集め自ら重要事を決し、訴訟を聴いた。そして、その際、当初のオスマン朝の君主たちは、重臣たちと座を同じくして食事をとったとも伝えられる。

「御前会議」の午餐

一五世紀から一六世紀にかけて、オスマン帝国の領土も拡がり、君主専制化と中央集権化が進み、支配の組織自体が巨大化していくと、この君主自ら人々の訴えをも聴く場は、むしろ次第に専門分化していく支配の組織の各部門の長たちの合議の場、一種の閣議の如きものと化していった。そして、とりわけコンスタンティノープルの征服者メフメット二世の時代以来、ますます臣下と隔絶した専制君主となったスルタンは、臣下と食を共にする習慣を失い、「御前会議」での午餐も、閣僚の午餐会というべきものと変じた。

ここで、君主専制・中央集権体制が完全に確立した、帝国の黄金時代ともいうべき、一六世紀中葉のオスマン朝第一〇代スレイマン大帝の時代を例にとり、オスマン帝国の支配のしくみをみると、広大な帝国の版図は、属国と直轄領とに分かたれ、全直轄領は、州（ベイレルベイリク）に分かたれ、さらに直轄領中、帝国の最も古くからの領土であるルメリ（バルカン）とアナドル（アナトリア）を中心とする中核地域では、州はさらに県（サンジャク）に分かたれ、各々中央から州には総督（ベイレルベイ）、県には知事（サンジャク・ベイ）が任命されていた。そして、県はまた、いくつかのイスラム法官区（カザ）に分かたれ、各々一名のイスラム法官（カドゥ）が中央から任ぜられて司法と民生にあたっていた。市場での食品価格や量目を監督し、また中央に必要な物資を調達するのは、実はこのイスラム法官の役割であった。イスラム法官の裁判区であるカザは、県のおかれぬ地域にも、おかれていた。全国津々浦々からのさまざまの物資について、宮廷から注文を出し、とりよせ得たのも、このイスラム法官の働きによるところが大きかった。

そして、このオスマン帝国の地方の民生の基礎でもあり、イスラムの聖法シャリーアを司るイスラム法官たちの元締めとして、帝国中央には、ルメリとアナドルを各々担当する二人の「軍人の法官（カザスケル）」なるものがおかれ、ルメリの「軍人の法官」が全イスラム法官の長とされ、アナドルの「軍人の法官」がそれに次ぐものとされた。この二人の「軍人の法官」は「御前会議」の「四つの柱」なるものの一つに数えられ、司法担当者の代表として、「御前会議」に出席した。なお、イスラムの聖法の担い手としては、一六世紀中葉より、この二人の「軍人の法官」の上に、オスマン帝国におけるイスラム法学の最高権威としての「イスラムの長老（シェイヒュル・イスラーム）」が立つこととなったが、「イスラムの長老」は、「御前会議」には出席せず、政府の外にあって、諸決定についてイスラム法上の正統性を判定し確証する任を負うた。

「御前会議」の他の三つの柱は、いずれも直接帝国中央の政治と行政に携わる政府高官たちであり、その筆頭は勿論のこと、大宰相（ヴェズィラザム）と宰相（ヴェズィール）たちであった。とりわけ大宰相は、遅くとも一六世紀中葉以降は、全く出御のなくなったスルタンにかわり、「御前会議」の主宰者にして、政権の事実上の担当者となり、他の数名の宰相たちは、これを補佐した。大宰相と宰相たちは、政治、軍事、外交のすべての分野をとり扱った。

これに対し、帝国中央の支配の組織が巨大化していくなかで、文書行政や財政といった行政の実務を担当する部門も次第に成立し、ここでは、実務官僚としての多くの書記（キャーティプ）が任務につくようになった。彼らの元締めとしては、文書行政については、重要公文書にスルタンの花押たるトゥグラを記すことを職掌とするニシャンジュ（国璽尚書）の職がおかれ、財務については、首席財務長官（バシュ・デフテルダル）でもあり同時にバルカン方面の財務を扱うルメリ財務長官と、それに次ぐアナトリア担当のアナドル財務長官、そして時代により異なるが他の一〜二名の財務長官（デフテルダル）の職が設けられた。そして国璽尚書と、ルメリとアナドルをはじめとする財務長官たちは、各々、文書行政と財政の最高責任者として、「御前会議」の残る二つの柱として、列席したのであった。

閣議での会食風景

「御前会議」は、一六世紀半ばまではほぼ毎日、一六世紀後半から一七世紀末までは週四日開かれ、それ以降は、回数が激減したといわれる。会議は早朝に始まり、午餐を共にしたのち謁見日にはスルタンの謁見を賜り、会議の結果を上奏する例であった。それゆえ、御前会議の日には、ほとんど必ず昼食が出たから、ほぼ毎日会議の開かれていた頃は、政府高官は、昼食はほぼ宮廷でとっていたことになる。

「御前会議」の日の昼食は、「御前会議」のメンバーたちには勿論のこと、さらに閣議の際に臨席する官人たち、護衛たちはいうに及ばず、はたまた種々の用件、さまざまの訴訟のために「御前会議」にやってきている人々にもまた、ムスリムであろうと異教徒であろうと、オスマン臣民であろうとなかろうとを問わず、食事が振舞われる例であったという。スルタンに拝謁するためにやってくる外国の大使たちも、その例にもれない。しかし、会議のメンバーの食事こそ、その中心をなしていた。

「御前会議」は、宮廷の大膳所の真向いの西北隅にある「ドーム下の間（クッベ・アルトゥ）」で開かれたが、会議が進み時分どきとなると、この広間には、食事用の大盆とそれを据える台が三つ運びこまれ、一つは入口の真向い、西側の壁の前のベンチに腰かけている大宰相の前に据えられ、いま一つは、大宰相の右手のベンチに座す平の宰相たちの前に、そして残る一つは、大宰相の左手に座っている二人の「軍人の法官」たちの前におかれた。大宰相の食卓には国璽尚書と首席財務長官が加わった。他の財務長官たちは、平の宰相たちの食卓に加わった。

食事に先立ち、手洗い鉢と手洗い用水差しが運び込まれ、まず手を洗い清め、差し出されるタオルでぬぐう。つづいて、大膳所から、器に盛られた料理が次々と運び込まれた。この閣議の午餐には、まず肉入りのピラフ（エトリ・ピラウ）、鶏のスープ煮か焼き物、香料と大蒜《にんにく》を加えたソースで味つけした何種かの猟獣の肉等が供され、飲み物としてはレモネードや果物のシロップ水たるシェルベットが用いられた。大膳所のコックたちが腕によりをかけた料理は、口の奢った大官たちにとっても、口に合うものであったことであろう。

「御前会議」のメンバーたちが食事を終えると、また手洗い鉢と水差しとタオルが持ち込まれ手を洗い、さらにバラ油と香油で食事の残り香を消した。大宰相らに供された大盆は慣例に従い、「御前会議」のために控えている、より下級の高官たちのもとに下げられ、今度は、彼らが食事をとった。大宰相らのお下がりとはいえ、真向いの大膳所からは多量の食物が運び込まれ、おかわりもあったようであるから、残食を喰わされているというように感ずることなく、彼らもまた十分に宮廷の食事を満喫したことであろう。この食事時にはまた、別室に控える官僚たちにも食事が振舞われたことは、いうまでもない。

こうして、会議も片づき、食事も終え、手も洗い清めた後は、謁見日には「御前会議」の結果を上奏すべく、大宰相たちは、外廷と内廷を分かつ「至福の門」を越えて、そのすぐ内側にある「謁見の間」で低い長椅子風の玉座に座して待ち受けるスルタンのもとに向かったのであった。

大膳所から小厨房へ

大膳所や「ドーム下の間」、そして「行列の広場」の属する外廷から、「至福の門」により隔てられた区画こそ、君府イスタンブルの中心中の中心、スルタンの秘められた私生活の世界であった。この部分は「至福の門」の北側に拡がる内廷（エンデルン）と、そしてその西側にさらに厳重に壁で囲い込まれた後宮（ハレム）からなっていた。内廷は男性の日常の居所であり、スルタンも通常は、内廷で子飼いの小姓（イチュ・オウラヌ）たちと、小姓たちの監督にあたり、「至福の門」の守護にあたるため「至福の門の長《おさ》（バーブ・ウッ・サーデ・アースゥ）」ないしは「御門の長（カプ・アースゥ）」と呼ばれる白人宦官長の指揮下にある白人宦官たちにかしずかれて暮らしていた。小姓たちは、大多数、イェニチェリと同じくデヴシルメ（少年徴集制度）によりもたらされたスルタンの奴隷たちのうちの最優秀者からなり、スルタンに一身専属の子飼いの側近であった。後宮は、女性たちと彼らの世話をする任を帯びた、「至福の家の長（ダール・ウッ・サーデ・アースゥ）」ないし「娘たちの長（クズラル・アースゥ）」と呼ばれる黒人宦官長の管轄下にある黒人宦官たちの世界であり、完全な男性でここに出入りしうるのは、スルタン自身とその幼年の王子たちの他は、殆ど、なきに等しかった。

スルタンは、平素の食事も通例は内廷でとった。スルタンの食事は、トプカプ宮殿建設以来、長らく外廷の大膳所で作られ、外廷の職員である毒見役頭（チャシュニギル・バシュ）に率いられた一〇〇名の毒見役により、金属製の蓋つきの器に盛ってスルタンのもとに運ばれたと伝えられる。それに先立ちまずコックたちがひと匙毒味し、さらにスルタンのもとに運び込まれたのち毒味役が重ねてお毒味をしたのちにスルタンに供せられたという。子飼い中の子飼いである小姓出身者による毒味は、陰謀渦巻く宮廷で、スルタンにとって何よりの保険であったことであろう。

大膳所からの料理は、しかし、一八世紀末頃からのことともいわれるが、いつしかスルタン個人の食卓には供せられなくなり、宮廷に暮らす他の人々と、そして外来者に専ら食事を供するところとなった。これにかわって、スルタン専用の食事を調理するところとなったのは、「至福の門」の東側に住居を与えられ、この門を守る白人宦官長「御門の長」の配下としてこの門を守るべく、「至福の門」の西側に詰めている白人宦官の詰所の西隣にある、クシュ・ハネという名をもつ小厨房であった。広大な大膳所の巨大な鍋釜ではなく、ここで、今もクシュ・ハネの名で知られる深めの小さな鍋で製された熱々の料理が、スルタンの常食となったのである。

ここで調理にあたったのは、大膳所で修業を積んだ者に加えて、同じくスルタン子飼いの奴隷出身者で、内廷から後宮へと抜けるための門の一つ「クシュ・ハネ門」を守る斧兵中、特に料理の才能のある者をとりたてて用いたという。

スルタンの食卓

オスマン帝国の最高権力者たるスルタンもまた、当時のオスマン朝の多くの人々と同じく、通例、食事は、日に二回、午前中と日暮れ前にとった。午前の食事は一一時頃にとったという。スルタンの食事時にもまた、食事用大盆が台座の上に据えられ、食卓とされた。メフメット二世以降のスルタンは、ほぼ常に一人で食卓についた。食器としては、征服者メフメットの子でオスマン朝第八代バヤズィット二世時代に専ら金器と銀器を用いることとなったが、後には、むしろ主として陶磁器が用いられるようになったという伝承が残されている。

君主の食事とはいえ、君府入城前のスルタンたちの食事は、誠に質素であり、征服者メフメットの父、オスマン朝第六代ムラト二世が一四三二年に西欧からの大使を招いた宴席では、西欧人側の実見談によれば、ただ肉入りのピラフのみが、何やら知れぬ飲み物と共に、供せられたという。オスマン朝で初めての君府の主となったメフメット二世自身の食卓でも、一説によれば、おおむね、一食には、メインの料理としてはただ一種の料理が出されるにとどまったとも伝えられるが、これは、当時の宮廷の大膳所の支出帳に現れる食材の豊かさからみて、いささか意外の感がある。

帝国の領地がさらに拡がり、辺境の新興国家から、イスラム世界の世界帝国と化するようになった一六世紀初頭に入ると、軍事的天才をもって傑出するオスマン朝第九代セリム一世の食事も、それなりに豊かとなり、二〇種を超える料理が調えられたが、実際には、うち一種のみを選んで主に食したという説もある。

征服者メフメットの夏の食卓

ここで、時代をまた応仁の乱の頃に遡らせて、前の巻でも用いた、コンスタンティノープルの征服者メフメット二世の宮廷の台所の支出簿を用い、当時の宮廷の食卓の実際を少し探ってみよう。征服者メフメット時代の宮廷の台所の支出簿は九冊残っており、うち八冊が刊行されているが、帝国建設期の君主であったメフメット二世は、新帝都イスタンブルの宮廷にあることは少なく、各地に、親征や、巻狩りに赴いており、君府の宮廷の食卓を窺いうる支出簿は意外に少ない。ここでは、まず、回暦八七三年の巡礼月、すなわち西暦一四六九年六月一二日から七月一〇日までの日をおっての支出簿に現れた君府の宮廷の夏の食卓を少し覗いてみよう。

この支出簿をみると、君主とその家族用と、宮廷の役付きの職員たち、小姓たち、そして、「御前会議」に列席する重臣たちの食事は、別々に調理され、出費も別に記録されている。君主とその家族用とおぼしい「ハッサ（帝室用）」と名付けられた品目をみると、主食には主にパン（ナン）が用いられている。ともに、卵入りの粥（ラパ）が作られているが、材料が米なのか麦その他なのかは、書かれていない。おかずとしては、殆ど毎日、鶏（マキヤン）のケバブが作られ、これに、しばしば子羊（ベッレ）の料理が加わるが、刻み玉葱（ピヤズ）と蕪（シェルジェム）をよく用いており、調理法は書かれていないが煮込みだったのであろうか。これに、胡瓜（フヤール）やレタス（マルール）や刻み玉葱、大蒜（シール）、河原よもぎ（タルフン）などが、おそらく生でサラダとして供されていた。スープ（ショルバ）がほぼ常に供されているが、基本的素材が何かは書かれていない。ただ、ときにパセリ（マイダノス）が入れられ、また、殆ど常に、おそらく酸味を添えるために青い未熟な李（サル・アル）が用いられていた。煮た野菜料理としては、不断草（パズゥ）の米入りの煮込み（ボラニー）が作られている。

この他、目につくのは鶏肉入りのパイ（ボレキ）や、今ではロカンタでも限られたところでのみ見かける、ユフカの中に羊の挽き肉を入れた、トルコ式ラヴィオリたるマントゥが殆ど毎日作られていることで、これには刻み玉葱と大蒜が入れられていた。他にもいろいろの料理法がみられるが、一日には数品で品数はそう多くないようである。しかし、決して一食一品ではない。

デザートとしては、米粉と牛乳（レベン）を用いたトルコ式プディングたるムハッレビがよく供されているが、ときにムハッレビ用として鶏も用いられているから、今日ではタヴク・ギョウスゥ（胸肉）と呼ばれる、胸肉の茹で肉の細かくほぐして水でさらし臭みを抜いたものを加えた胸肉入り米粉牛乳プディングも、ムハッレビの名の下に作られていたのかと思われる。また、ごくときたま、鶏卵が大量に「甘い物」用として用いられているが、これは何を作るのに使われたのかわからない。他に小麦粉を用いた甘いものも作られている。これらのデザートの甘味料については、支出簿からはわからないが、あれだけ多量に砂糖を買い入れていたのであるから、当然、庶民の甘味料である蜂蜜やペクメズ（濃縮葡萄汁）ではなく、高価な砂糖が惜しげもなく用いられていたのであろう。

飲み物については、支出簿から知りうることは少ないが、ふつう今日では冬の景物であるトルコ甘酒というべきボザが時たま現れているのが目につく。

征服者メフメットの冬の食卓

同じ年の冬の食卓についての支出簿は、今日に伝わっていないから、ほぼ四年半後のものではあるが、回暦八七八年第八月、すなわち西暦一四七三年一二月二二日から一四七四年一月一九日までのものを用いて、かいまみることとしよう。

主食がパン（ナン）であることには変わりはないが、この年の支出簿は帳簿の書き方も変わり、先の夏の支出簿ほど詳しくなく、料理名を特定するのがずっと難しく、主な副食が何だったかも、はっきりしない。しかし、月間集計をみると、この月だけで帝室用として、鶏を八五一羽、子羊を一八頭も買い入れているから、主な副食は、やはり、鶏と子羊の料理であったのであろう。他に目につくのは、葡萄や胡瓜やキャベツ（ケレム）の酢漬が作られていることである。

甘い物のほうでは、トルコの代表的菓子の一つたる甘いパイ菓子バクラヴァの名がみえる。他には、黒葡萄のシロップ水（シェルベット）などが作られ、これには甘味料としてペクメズが用いられている。また、サフラン入りのヘルヴァ（甘味）や、同じくサフランなどを加えた半分菓子で半分医薬である練り物（マジュン）が作られていた。

もう少し詳しく征服者メフメットの食卓にのぼった五〇〇年前の君府の食味を味わってみたいが、先を急ぎ、同じく五〇〇年前の宗教的祝祭の食卓を覗いてみよう。

メフメット二世の犠牲祭の祝膳

先に夏の献立をみた回暦八七三年の第一二月は巡礼月であり、その第一〇日から第一三日は、ムスリムの二大祝祭の一つで、ムスリムの正月ともいうべき犠牲祭にあたる。実際、犠牲祭の祝祭の初日たる巡礼月一〇日にあたる六月二一日には、すでにみたように二〇頭の牛が犠牲に捧げられ、祝祭用に特に一〇〇〇個の食用ボウル（キャーセ）を購入し大祝宴に備えている。

帝室内の食事のためには、いつもの鶏のケバブや、刻み玉葱と鶏卵入りの鶏肉の炒め物や青李入りのスープや、ヨーグルトもみられ、不断草の米入り煮込みや、トルコ式ラヴィオリのマントゥや鶏卵と蕪入りの子羊肉なども作られている。しかし、それに加えて、アーモンドなどを入れ小麦粉を用いた甘い焼き菓子のズルビーエが特に大量に作られ、「御前会議」のメンバーにも供されている。ちょうど六月末の君府も暑くなり始める頃ゆえ、遠くブルサからわざわざ大量の氷（ヤフ）も取り寄せられている。

犠牲祭の二日目の巡礼月第一一日にも、やはり鶏のケバブ、マントゥ、瓜入りと李入りのスープ、鶏卵と蕪入りの子羊など、平常の献立も相変わらず用意されているが、この日も、月間集計表には、特にこの日のためと明示されていないが、実は五頭の羊が、犠牲祭用として求められている。その翌日の巡礼月一二日目には、犠牲祭の馳走用に特に水壺や、これも祝宴用の敷き物とするのであろう、筵《むしろ》も一六枚買い入れられている。また貧者への馳走として、現金二五〇アクチェも支払われている。

犠牲祭の最後の日にあたる巡礼月第一三日にも、貧者のために現金一〇〇〇アクチェが支出されている。さらに、この日の特別の馳走のためであろう、三二の羊頭と一五〇本の羊足が仕入れられ、料理法は不明だが、宮廷の犠牲祭の馳走のためと称して特に大量のひよこ豆と刻み玉葱が、購入されていた。また、「喜ばし（メムヌニエ）」なる菓子を作るべく、特に乳と一〇羽の鶏と米粉が用意されている。この菓子は一八世紀の『料理小冊』どおりとすれば、米粉をバターで炒め、これに蜂蜜と乳を加えて練り、それをさらに炉で焼いたもので、平日にも作られてはいるが、この日は、祝宴用に特に大量に作ったのであろう。なお平日には、鶏抜きで作っている。

宮廷の四季の健康献立

君府の征服者メフメット二世の食卓を覗いたあとで、今度は、オスマン帝国が君府を帝都とし、「旧世界」の三大陸にまたがる大帝国となった後の一六世紀のものとおぼしき献立が残されているから、これを少しみることとしよう。「四季にふさわしい食品について述べた帳面」の名の下にトプカプ宮殿の古文書館に残され、現代トルコ語化して紹介されて見ることのできるこの献立表は、美食用ではなく、中国と同じく医食同源的思想をもつイスラム医学に基づく健康献立表である。しかし、一年を春夏秋冬の四季に分かち、各々、一週間の模範メニューを示している点、往時の君府の宮廷の献立をうかがいみるにも役だちうるであろう。七曜日は、イスラムの共同礼拝日として特別な日である金曜（ジュマ）から始まっている。

春には、初め冬の料理を徐々に軽くし、終わりには夏向きのものを加えるのがよい、香料は少なめがよいとする。さてこの献立モデルでは、金曜日には、米のピラフ、ひよこ豆のスープ、オレンジ（ナーレンジュ）汁入りの炒め物、ミント入りのスープ、レモン汁と鶏卵入りの鶏スープ、鶏のケバブなどがよしとされた。

土曜日には、米と肉の炒め煮、パセリのスープ、青葡萄の酸味汁入りの炒め物、アーモンド入りスープ、米入りの鶏の清汁、鶏ケバブとなっている。日曜は、また米のピラフ、砂糖入りの石榴水、小麦粉とヨーグルトのスープたる白汁（アク・チョルバ）、胃を鎮める薬用の西洋山薄荷入りのスープ、極細の麵入りの鶏スープ、鶏ケバブがよいという。

月曜日には、野菜入り米ピラフ、トルコ橙で酸味をつけた鶏スープ、羊肉団子入りの米入りスープ、菠薐草《ほうれんそう》入りピデ、栗入り鶏スープなどと鶏ケバブが組み合わされている。火曜日には、また米と肉の炒め煮、素麵料理、羊肉の炒め物、細切りの羊肉の林檎汁煮、ひよこ豆と玉葱と肉汁でほとびらかせたパンの入った鶏肉炒め、鶏ケバブが推奨されている。水曜には、粥（ラパ）、菠薐草炒め、チキン・パイ、ひよこ豆料理、オレンジ風味の鶏スープ、鶏ケバブ、そして木曜には、棗椰子ジュース、林檎の炒め物、油入り菠薐草炒め、鶏の清汁、鶏のケバブとなっている。

春の献立は、ほぼいずれも、酸味のある料理に鶏料理が加わり、さっぱりしたものが多い。

夏の健康食

夏は、常にごく軽いスープを供し、香料は用いぬがよいとされる。さて、金曜はというと、米のピラフ、まだ青く酸っぱい果物入りのスープ、茄子のドルマ、利尿作用のある薬草の広葉《ひろは》蛇登《へびのぼ》らず（ジリシュク）入りのスープ、鶏の清汁、鶏ケバブと、少し薬用食物も入っている。

土曜になると、乳入り米ピラフ、まだ青く酸味のある果物を加えた瓜（カバク）の炒め煮、レモン入りスープ、レモン汁入り鶏スープ、鶏ケバブとある。日曜には、野菜入りピラフ、不断草の炒め物、酸っぱい未熟葡萄入りの瓜のドルマ、石榴で酸味をつけた鶏スープ、鶏ケバブと、これも軽いさっぱりしたものが続く。

月曜日には、米のピラフ、酸味を添える薬味のスマック入りスープ、瓜の炒め物（カバク・カヴルマスゥ）、レモン汁入り羊肉炒め、鶏の清汁、鶏ケバブ、火曜は米のピラフ、酸味のある未熟葡萄入りの瓜料理、瓜入りのピデ、酸味を添えた米料理、鶏スープ、鶏ケバブが挙げられている。

水曜となると、乳入りの米（ピラフ）、羊肉入りの茄子炒め、ヨーグルト入りスープ、ミント入りスープ、レモン汁と鶏卵入り鶏スープ、鶏ケバブとある。木曜はといえば、米の粥（ビリンジ・ラパスゥ）、瓜の炒め物、ヨーグルト入り素麵スープ、小麦粉とヨーグルトの白汁、石榴で酸味をつけた、ひよこ豆と玉葱と鶏の炒め物、鶏ケバブとなっている。

灼熱の印度などとは異なり、君府の夏の健康食は、東西交易で東方の香料豊富なところであるにもかかわらず、かえって香料を控え、酸味で食欲を出しつつ、あっさりしたものを供している。

君府の秋の献立

この健康食の書では、君府の秋は、食欲の秋というより、夏から冬への移行期とみて、初秋には夏の食に近く、晩秋には冬の食を交えるべしとあり、香料もまた、初めは少なめに、冬に近づくにつれその量を増やすべしとある。

さてそこで秋の献立というと、またまず金曜日には、米のピラフ、羊肉の林檎炒め、パセリ入りスープ、人参スープ、石榴で酸味をつけた鶏スープ、そして鶏ケバブとある。土曜には、米の細素麵と丸葉薄荷入りスープ、ひよこ豆のスープ、レモン汁入り鶏スープ、鶏ケバブもある。日曜は、パイ（ボレク）、トゥトマチュ（ヨーグルト入り四角い小パスタ料理）、林檎の炒め物、ミントのスープ、蕪の炒め物、鶏の清汁、鶏ケバブである。

月曜には、米ピラフ、マルメロの炒め物、乳入りの麦（スープ）、羊肉団子入り米スープ、極細素麵入り鶏スープ、鶏ケバブがよいとある。火曜は、肉入り米ピラフと少し濃厚なものが出ており、次いでキャベツ炒め、玉葱の肉詰め（ソアン・ドルマスゥ）、タルハナ（トルコ式白ソース）のスープ、酸っぱい石榴入り鶏の炒め物、鶏ケバブとなっている。

水曜には、また米のピラフ、不断草の炒め煮、洋長葱炒め、小麦粉とヨーグルトの白汁、栗入り鶏の清汁、鶏ケバブ、そして、木曜は、米粥、大根（トゥルプ）の炒め物、串焼きの羊肉つくね（キョフテ・ケバブ）、素麵料理、極細の素麵入りの鶏スープ、そして鶏ケバブが挙げられている。

このへんになると何故か、今日もみかける料理も多い。

冬の宮廷の健康食膳

さて、いよいよ、かつての遊牧の民にとっては、家畜が子を産む稔《みの》りの冬の食膳であるが、冬には湿気のある料理に、香料をたっぷりと加え、香料の豊かさで、食味を心ゆくまで味わうべしとある。どうも、この健康献立の著者によれば、食欲の時は、秋ではなく冬なのである。

それでは、冬の金曜の献立をみると、極細素麵入りの米ピラフ、小麦を用いた一品、蕪の炒め煮、栗入り鶏スープ、そしてまた鶏のケバブとある。土曜は香料のミロバランを加えて香りをつけたキャベツ入りの米のピラフ、蕪の炒め物、玉葱や赤干葡萄と蜂蜜などを加えて煮た羊肉の甘煮、人参のスープ、極細素麵入りの鶏スープ、そしてまた鶏ケバブである。

日曜には、果物入りピラフ、羊肉と小麦の煮物、キャベツの炒め物、鶏入りひよこ豆スープ、鶏ケバブなどが挙がっている。月曜となると、米のピラフ、羊肉と小麦の煮物、羊肉料理、丸葉薄荷入りスープ、米入り鶏スープ、そして鶏ケバブとある。火曜には、茹でた挽き割り小麦であるブルグルのピラフ、鶏肉の炒め煮、パセリ入りスープ、栗入り鶏スープ、鶏ケバブである。

水曜となると、茹でて肉を加えすり潰した小麦の一品、羊頭料理、サルマ（米入り煮込み）、蕪の炒め煮、玉葱と肉汁でほとびらかしたパンの入った鶏の炒め物、鶏のケバブがある。そして、最後に木曜には、初めて大蒜が出て大蒜入りの米のピラフ、羊肉と小麦の煮物、洋長葱の炒め物、串焼きの羊肉つくね（キョフテ・ケバブ）、鶏の清汁、そしてまた鶏のケバブが載っている。

これにさらに、四季にわたり、何種かの代替料理やデザートが挙げられており、例えば、冬については、パイ、鶏入りパイ、パストゥルマ、ヤフニーなどなど、デザートには、ゼルデ、乳入りゼルデ、ムハッレビ、「喜ばし（メムヌニエ）」、ブラマチュ（ブラマンジュ）などが載っている。

この健康食献立をみると、宮廷の人々は、メフメット二世の支出簿にみられるよりは、遥かに多種多様な料理を知っていたことがうかがえる。また、この献立に四季を通じてメイン・ディッシュとして鶏のケバブ（タヴク・ケバブ）が挙げられているのをみると、メフメット二世の実際の食卓にも殆ど毎日、鶏のケバブがあったとみられることも、美味を求めるのみならず、健康法の一端でもあったかとも思われ、甚だ興味深い。さて、この献立表は、理想の表で、スルタンの食卓の実際そのものではなかったかもしれぬが、それでも、かなりの品数の宮廷の料理を味わったことでもあり、異国の料理の名が続き食傷されるかとも思われるゆえ、話題を少し移すこととしよう。

スルタン御用の甘味の数々

さきの健康献立表には、あまり甘味類が載っていない。しかし、かつて、庶民の口にはまず入ることのない貴重な砂糖を、あれほど大量に用いたオスマン宮廷のこと、甘味専用の甘味所（ヘルヴァ・ハネ）さえあったくらいであるから、実際、多種多様の菓子、甘味が作られ、これをスルタンをはじめ、宮廷の人々も味わっていたのであった。

実際、一七世紀から一八世紀にかけて、トプカプ宮殿で作られた菓子、甘味、そして、薬料のいろいろの材料と作り方を詳しく記録した、『甘味所帳』なるものも残っている。

そこでは、シロップ水たるシェルベット、甘味としてまた薬として用いられる練り物（マジュン）が中心となっている。例えば、「バラ水（ギュッラーブ）」なるものは、バラのエッセンスに、肉桂粉、丁子、ロングペッパー、そして砂糖を加えた、誠にエキゾチックな香り高い飲み物である。暑いときには、これに、ブルサからの氷が浮かべられたのであろう。

スルタン風蜂蜜水（マーイ・アセリ・スルタニー）なるものをみると、水に、蜂蜜、肉桂、丁子、サフラン、肉豆蔻《ナツメグ》の皮、印度アロエ等の各種の香料を入れ、さらに高価極まる香料の双璧というべき麝香《じやこう》（ミスク）と竜涎香《りゆうぜんこう》（アンベル）を加えた、複雑微妙な香りの飲み物である。

ハレムの食事風景の想像図。左手では着座した女性が、侍女たちにかしずかれて食事し、右手では侍女たちが床に座って食事をしている

このあたりになると、やはり君府イスタンブルの宮廷の食の世界は、東西の貴品珍果の集まる東洋的国際都市の文化の一片にして、東西の珍果とも香料とも縁の薄かった、われわれの食の世界とは、全く異なることが実感される。

後宮の食の世界

君府の中心中の中心、トプカプ宮殿の食の世界を散策してきたが、ここで、宮廷にも、そろそろ暇を告げる前に、宮廷のまた深奥をなす後宮、すなわちハレムの食にも言及する必要があろう。

トプカプ宮殿が完成に至る前のハレムの食生活は、メフメット二世の宮廷の支出簿中、帝室（ハッサ）関係の記載のなかにうかがえる。おそらく、当時、後宮の女人たちも、前述の料理の数々を食していたものと思われる。トプカプ宮殿が完成し、初めは「旧宮殿」に残っていた後宮もトプカプ宮殿へと完全に移った一六世紀中葉、スレイマン大帝の時代以降の後宮の食生活については、少なくとも食材に関する限り、いくつもの宮廷の台所の支出簿中に、後宮にかかわる部分があり、その詳細をたどりうる。しかし、それらの食材から、いかなる料理や菓子を製造し食していたかを知りうる情報は誠に乏しいのである。

後宮での食事風景もまた、秘められた世界のことなれば、ミニアチュールなどにも図版は誠に乏しく、想像図ながらオスマン朝第二八代スルタンであるセリム三世の妹であるハディージェ・スルタンの寵を得て、その御用建築家となった独人メリンクの描くところの後宮の女人たちの食卓風景の図を挙げるにとどめよう。

宮廷の豪奢への庶民の憧れと「御殿風」の食の名

宮廷の食の世界は、ごく限られた大官貴顕にのみ近づきうる世界であり、華やかな君府の食の世界のなかでも、とりわけ華やかな世界でありながら、庶民にとっては秘められた世界であった。しかし、宮廷の食の華麗さは、庶民の憧れるところであり、時折は、宮廷の食の一端に、何かの機会にふれることを求め、また、実際にスルタンの祝祭の折などには、その望みが満たされることもあった。また、たとえ、宮廷の食に直接ふれ得ず、その美味を味わうことを得ずとも、あるいは真に宮廷の製法が伝えられ、あるいは想像をはばたかせることによって、君府の食の品揃え中には、「御殿（サライ）風」なる名を冠した料理、菓子が生まれるに至った。また、さらに細かく「内廷風（エンデルンキャール）（エンデルーニー）」などといった名を冠したものもみえる。これらは、本邦でいえば「御前」を冠した食にあたろうか。すでに、一八世紀の『料理小冊』中に、針金のごとく細く堅く焼いた小麦粉の練り物を土台とする菓子であるカダイフの品揃えのなかに、「御殿風カダイフ（サライ・カダイフ）」なる名がみえる。

逆にまた、庶人の間で生まれた美味が、宮廷へと入ることもままあった。その最も顕著な例は、イスタンブルきっての老舗の菓子店であるハジュ・ベキルであろう。一七七七年創業のこのトルコ求肥《ぎゅうひ》というべきロクムの専門店は、歴史は古く文化的伝統は脈々と続いているが、個々の店、個々の家族の興亡の激しいイスタンブルの食の世界において、他を冠絶する老舗中の老舗である。

さしずめ、イスタンブルの「虎屋」とでもいうべき、このハジュ・ベキルは、一九世紀初頭に入り、その盛名ゆえに、オスマン朝第三〇代のスルタンで、「西洋化改革」の開始者としても名高いマフムート二世の愛顧を得て、民間出身の一菓子店であるにもかかわらず、宮廷の「砂糖菓子職人長（シェケルジ・バシュ）」の名を与えられたと伝えられる。君府の食の歴史の象徴の一つというべき、この老舗は、今も盛業中にて、その作るところの菓子に、かつての庶民の味はもはや求め得ぬかもしれぬが、無比の盛名は今も保ち、イスタンブルっ子がロクムというとき、ハジュ・ベキルが常に想い起こされるのである。

中東、イスラム世界で他を冠絶する食都イスタンブルの食の世界は、宮廷の洗練と街の繁栄の相関作用のなかで、はぐくまれてきたといえるであろう。

巻ノ九　祝祭の饗宴

宮廷の食と庶民の口の出会うところ

かほどに華麗なる宮廷の美食の世界と、素朴なる食生活に甘んずる庶民の世界は、しかし、いくつかの点で交錯したのであった。その一つは、君府の日常の食生活の場で、君府の繁栄とともに、庶民の食生活もまたそれなりに向上していくなかで、「御殿（サライ）風」の名の下に、上方《かみつかた》の手の込んだ料理や菓子の余風が、間接的に及んでいくという過程を通じてであった。

いま一つの交錯点は、より直接的なものであった。そのような宮廷と庶民の食の世界における直接の交錯点は、スルタンの催す祝祭であった。イスラム世界において、君主の権力の正統性を支える最大の根拠は、各々の地域における、イスラムの聖法シャリーアの秩序の守護者たることにあった。それゆえ、君主が、一度《ひとたび》、聖法シャリーアの則《のり》を越えたと人々がみなし、君主の権力を覆すに足る現実の力もまた生ずれば、君主の地位も、決して安泰ではなかった。そのことは、強力な君主専制的・中央集権的な支配の組織を造り上げたオスマン帝国のスルタンについても、例外ではなかった。

「大王、大王だとて、慢心する勿《なか》れ、わが大王よ、汝より偉大なアッラーがおわす」という、スルタンの宮殿からの出御のときには伝令官たちによって、スルタンの出陣や特別の祝祭のときには宮廷の人々によっても唱えられた歓呼の文句のなかの一節は、このような背景から生じていた。そして、実際、少なくも、一七世紀初頭以降に入ると、帝都イスタンブルを舞台とする、大宰相、ときにはスルタン自身の首のすげ替えをもって終わる革命騒ぎが、しばしば、見られたのであった。

イスラム世界の君主はまた、民草《たみくさ》に対し、寛大さと気前の良さを示すことを期待された。オスマン朝のスルタンたちは、聖法シャリーアの秩序の守護者として、善きムスリムとして、週一回、金曜日の正午の共同礼拝の折には、宮廷を出て、市中のモスクに、整然たる供揃えを率いて、礼拝に赴く例であった。のちに、ジュマ・セラームルウと呼ばれるようになったこの週一回のスルタンの礼拝行列が君府の道を行くとき、「貧者」が君主のお馬先に現れて、施しを乞うのが例となった。わが国の江戸時代の将軍や大名の行列の場合であれば、無礼討ちの対象となったはずのこのような行為に対し、イスラムの聖法の守護者をもって自他ともに許すスルタンは、全く異なる行動をとるのが常であった。すなわち、スルタンは、馬前に現れた貧者に、善きムスリムの喜捨の精神と、そして君主にふさわしい寛大さを示すべく、金一封を与えたのであった。

これも、イスラム世界の君主に期待される寛大さを示す一つの機会ではあったが、このような日常性のなかでのささやかな気前良さの発露の他に、非日常的な場を設定しての、帝都の全市民に対する気前良さの発揮もまた心がけられた。その場こそ、帝室関係の慶事にちなんで催される、帝都を挙げての祝祭、「スル・ヒュマユーン（帝王の祝祭）」であった。さまざまて、この「帝王の祝祭」における、スルタンの気前良さの発揮の手段は、一つは、そしの祝祭のイヴェントであり、いま一つは、上下《しょうか》を問わぬ臣民へのスルタンの食の大盤振舞いであった。このような宮廷の食と庶民の口が直接、交錯することとなる、帝都を挙げての祝祭は、とりわけ、一六世紀末以降、華やかにくりひろげられた。

原初における皇室の慶事と食の姿

オスマン朝では、初期においては、オスマン家の最大の慶事は、王子たちの結婚の祝宴であった。当初、オスマン家の君主たちは、近隣の名家、王侯の息女を妃としてめとったのであった。とはいえ、金貨銀貨は一枚も残さず、遺産としてめぼしいものは、馬と羊の群れくらいであったと伝えられる初代オスマンの頃には、その妃が、当時アナトリアの近隣で名声高かったという長老エディバルの息女であったとはいえ、さして盛大な婚礼の祝宴が開かれたようではない。

しかし、第二代オルハン時代にブルサを得て、戦士集団から君侯国への発展の基礎を固め、自らも妃の一人としてビザンツ皇帝カンタクゼノスの息女をめとるほどとなって、事情

祝宴につらなる武将たち

は変化していったであろう。そして、彼の王子でオスマン朝第三代ムラト一世の時代に入り、イスラム世界の西北の涯の辺境の一小君侯国から、かつてのビザンツ世界の東半であったアナトリア（アナドル）と西半であったバルカン（ルメリ）との両方にまたがる、辺境の一新興帝国と化していくなかで、オスマン朝の王子たちの婚礼とその祝宴もまた、著しく発展していった。

完全な同時代史料ではないが、一五世紀末頃に成立した諸年代記類についてみると、たとえば最も古いまとまった年代記である、アシュク・パシャ・ザーデの『オスマン家の歴史』には、ムラト一世の王子でのちにオスマン朝第四代となるバヤズィットと、当時のオスマン朝の隣国で同じくムスリム・トルコ系のゲルミヤン君侯国の君侯の息女との婚礼について、かなり詳しい記述がある。この婚礼には、オスマン朝下の有力者たちは勿論のこと、近隣の諸君主、君侯、さらには、バグダードのアッバース朝がモンゴルに滅ぼされた後、イスラム世界の最も繁栄せる中核国家となっていたカイロを都としてエジプトとシリアを支配するマムルーク朝のスルタンにさえ、招待状を送った。勿論、マムルーク朝のスルタンが婚礼に列席することはなかったが、婚儀を寿《ことほ》ぐべく、祝いの品を携えた使節がはるばるカイロからオスマン朝へと来訪したのであった。

かような遠来の賓客をも迎え、オスマン朝の有力者もこぞってより集った婚儀の祝宴において、いかなる馳走が供されたのか、その詳細を伝える同時代の史料は管見の及ぶところ見あたらない。しかし、古年代記の伝えるところに従えば、多くの羊が料理され、また牡牛の焼き肉が供され、そして祝宴の何よりの馳走として、砂糖（シェケル）が、沢山供されたとある。これをみれば、羊肉やピラフも供されたことであろうが、イスラムの戒律ゆえ、酒を振舞うことは公式にはなしえぬムスリムの辺境の君主の祝宴においては、甘い物、とりわけ、当時のオスマン朝においては、おそらく専ら輸入にのみ頼っていたと思われる貴重な食材である砂糖が、目玉の御馳走と考えられたことを知りうる。なお、建国の時代、歴戦の古強者たちがつらなる祝宴への客たちが、いかなる顔をして「沢山の砂糖」にとり組んだかは、いささか想像することが困難である。今も、イスタンブルの街角で、立派な髯をたくわえた偉丈夫が、普通の邦人には甘過ぎて耐えられぬという甘い菓子を、さも旨そうに食しているのを見かけるが、往時の勇者たちも、あのような様子で婚儀の砂糖を食していたのであろうか。

婚礼の祝宴から割礼の祝宴へ

オスマン朝の皇室の盛儀として最も盛んなものが、王子の婚礼であるという状態は、その後、オスマン国家が、さらに発展して、辺境の一新興国家から、かつてのビザンツ世界を支配下におく強力な新興帝国として自らを確立するに至ったのちも、続いた。このことは、オスマン朝第七代メフメット二世がコンスタンティノープルを征服して、これをオスマン朝の新根拠地としたのちも、さして変わらなかった。

しかも、この段階では、皇室の祝祭は、必ずしも、帝都の市民がこぞって何らかの形でかかわりをもつ、都を挙げての大祝宴とはなっていなかったようである。真に君主専制的・中央集権的な巨大な国家と化し、君府が、その不可欠の中心として圧倒的な位置を占めるに至るまで、君主がその気前の良さを帝都の民衆全員にまで見せつける要もなく、それゆえまた、宮廷の食と庶民の口とが、ふれあう機会にも乏しかったのであった。

そのうち、オスマン朝の君主は、妃として、イスラム法にのっとり正式に妻をめとることがなくなっていった。オスマン朝歴代が、正式に妻をめとる慣行は、一五世紀後半まで続いたが、第七代メフメット二世の王子で、オスマン朝第八代となったバヤズィット二世が、王子時代に、アナトリア中部東南よりにあったムスリム・トルコ系のテュルクメン遊牧部族を中心とするズルカドゥル君侯国の君侯の息女を正式に妻としてめとったのが、最後となった。

以後、第九代でエジプト、シリアの征服者セリム一世以降、ごく僅かな例外を除き、オスマン朝のスルタンたちは、専ら後宮に入った異民族出身の奴隷女（ジャーリエ）たちから妃を選び、それも、イスラム法上の妻とする方式をとらなくなった。セリム一世の子で、オスマン朝第一〇代にして、帝国の黄金時代の君主となったスレイマン一世（大帝）もまた、一伝説ではその母はジンギス汗の流れを汲むクリミアのタタール人の国、クリム汗国の汗の息女とも伝えられるが、これは明らかな誤伝で、実際には、美貌と賢明さで知られた彼の母ハフサ・ハトゥンもまた、女奴隷出身者であった。

こうなると、皇室の祝祭として、王子の婚礼は問題とならなくなり、王子の誕生と割礼、王女の結婚が残ったが、婚礼にかわって特に重要化したのは、イスラムの聖法に基づくムスリムの義務たる割礼（スンネット）の祝宴（ドゥユン）であった。時期を非常に早くから確定することが必ずしも容易ではない婚礼や誕生に比し、ムスリムの場合、ほぼ三〜四歳から一四〜一五歳くらいのときに割礼が施されるから、割礼の祝祭のほうは、かなり以前から予定し易い。これが、従来、例をみなかったような大規模な祝祭が行われ得た一理由かと思われるが、このオスマン家の王子の割礼の祝祭も、極めて大規模化したのは、黄金時代とみられるスレイマン大帝時代より、やや下り坂に入ったと一般にみられる一六世紀も末に近づいた頃からであった。

ムラト三世の王子の割礼の祝祭

とりわけ華やかな王子の割礼の祝祭が催されたのは、オスマン朝第一二代でスレイマン大帝の孫にあたるムラト三世のときであった。ムラトは、自ら王子メフメットの割礼のために一五八二年、オスマン史上、空前の割礼の祝祭を計画した。それは、帝都イスタンブルの上下を問わぬ人々を巻き込んだ、全市を挙げてのスルタンの祝祭の最初の企てであった。この祝祭のなかで、君府の庶民は、スルタンの振舞いによって、宮廷の食の一端にふれる機会を得たのであった。

のちにオスマン朝第一三代メフメット三世となるこの王子のための割礼の祝祭は、西暦一五八二年初夏と定められ、前年から準備が進められ始めた。当の王子メフメットは、西暦一五六六年生まれであったから、一六歳と非常に遅い割礼であったが、父王ムラト三世は、この割礼を空前の盛儀としようと心をくだいた。

祝宴長には、オスマン帝国の諸州中、最も格式の高い州であるルメリ（バルカン）州の総督でのちに大宰相にもなった大物官人イブラヒム・パシャが任ぜられ、祝祭中の飲み物（シエルベット）を司るシェルベットジ・バシュ（シャーベット掛長）にも、かつてスレイマン大帝晩年の名大宰相として知られたソコルル・メフメット・パシャの女婿で、当時、ルメリ州に次ぐ格式を誇るアナドル（アナトリア）州の総督であり、のちには宰相にもなったジャーフェル・パシャが任ぜられた。

祝祭のための諸施設の造営の責任者としては、アルジェリア水軍の出身でレパントの海戦に際し唯一無傷の艦隊を率いて戦場を脱し、のちチュニジア征服などで大活躍したオスマン史上屈指の名提督にして、当時、全オスマン帝国艦隊の長たる「大提督（カプダン・パシャ）」の職にあったクルチュ・アリ・パシャが任ぜられた。そして警備責任者には、帝国の誇る精鋭の常備歩兵軍団であるイェニチェリの長官で、これまた後年、大宰相ともなったフエルハト・アーが任命された。この顔ぶれからみても、この王子メフメットの割礼を、時のスルタン、ムラト三世がいかに意気込んで準備しようとしていたかがわかる。

このようなお偉方の幹部に加えて、実際の物資調達や会計の任には、腕利きの実務官僚が任ぜられ、祝祭の半年前には、祝祭の費用として五〇ユク、すなわち五〇〇万アクチェ、含有金量にして二七二キロ、金が一グラム一一〇〇円として、邦価約三億円近くが用意された。

祝祭への招待状もまた、国内では、エジプト、ダマスクス、アレッポ、バグダード、イエメン等の諸州の総督から、オスマン帝国の支配下にあるイスラムの最大の聖都メッカの太守などに、国外では、西方からはハプスブルク家の神聖ローマ皇帝で錬金術を好んだため「魔術師」の呼び名を得たルドルフ二世を筆頭に、フランス王アンリ三世、ロシアの名高い皇帝（ツァーー）イワン雷帝、ヴェネツィア共和国の統領などに、東方では、隣国のサファヴィー朝のシャー、ウズベクの汗、さらにはインドの諸王たちにまで送られたという。

灼熱の夏の氷と七五〇〇升のピラフと

祝祭の饗宴のためには、全国に物資調達の命令が送られるとともに、御馳走の中心の一つ、ピラフのためには、各々四キロ以上の重さがあって五升以上のピラフの入る大きな銅の大盆が、新たに一五〇〇も作られ、六月の暑い最中で運ぶのも大変であるにもかかわらず、ブルサ近郊の高山、ウル・ダーからは、氷室に蓄えられていた大量の氷がわざわざ君府まで運ばれ、冷たい果物のシロップ水（シェルベット）を供すべく備えられた。勿論、このシロップ水には、通常の庶民にとっては高嶺の花である高価な砂糖がふんだんに入っていた。

さらに、一番の御馳走である焼き肉として供するために、数知れぬほど多くの羊もまた、集められ、祝宴に備えられた。

これに加えて、祝典行列の一部として、砂糖菓子職人たちは、大きな砂糖細工を提げて行列し、慶祝に集まり来った庶民たちに分け与えるべく、さまざまの動物や鳥を形どった色とりどりの大きな砂糖細工を作り、その日に備えた。なかには、いずれも見事な砂糖細工の一九頭の象と、一七頭のライオンと、一九頭の豹《ひょう》と、二二頭の馬と、一二一頭の駱駝と、四頭の麒麟《きりん》と、九頭の海牛《かいぎゅう》、二五羽の鷹、一一羽の鷓鴣《しゃこ》、八羽の鶴、八羽の家鴨《あひる》等々があった。

祝祭の始まり

こうして、十分に準備を整えたうえで、割礼の祝祭は、一五八二年五月二九日に始まり、五七昼夜にわたって日々異なるイヴェントがくりひろげられた。祝祭の主会場は、イスタンブルの旧市街東南部、アヤ・ソフィアの少し東南寄りに位置する、かつてのビザンツ時代の競馬場たるアト・メイダヌ（馬の広場）であった。そこには、スルタンをはじめ、オスマン朝の中央地方の大官貴顕、そして、諸外国からの祝賀の使節たちのための桟敷《さじき》が設けられた。桟敷上に座するスルタン、ムラト三世とその王子メフメットの前を大官たち、大使たち、そして、帝都のさまざまの職種の商工業者たちの同業者団体の慶祝の行列が通り過ぎた。

そしてまた、さまざまの踊りや曲芸や寸劇も披露され、本物の諸軍隊による模擬戦も行われた。帝都の庶民たちも、あるいは「馬の広場」に、あるいは都大路の傍らに陣どって、日々、展開されるイヴェントを楽しみ、スルタンの寛大さのあかしでもある、ピラフや氷入りのシャーベットの振舞いを享受した。

その間に、オスマン朝の大官たち、そして諸外国の大使たちが、各々趣向をこらした高価な祝いの贈り物をスルタン、ムラト三世と当の割礼を受ける本人たる王子メフメットに献じた。君府の上下の人々は、絢爛《けんらん》たる祝祭絵巻に、われを忘れ、夜は夜で、夜空を彩る花火も楽しんだ。

スルタンの祝宴

祝われるスルタンのほうもまた、寛大さと気前の良さを示すこの好機に、慶祝に訪れる帝都の庶民のために、盛大な振舞いの場を設けるのみならず、国内の大官貴顕、国外からの大使たちに、日を分かち時を分かって、盛大な祝宴を設け、腕によりをかけた宮廷の珍味佳肴を振舞った。

スルタンの祝宴の御馳走を待つイェニチェリたち。右上にはピラフと羊の丸焼きがおかれている

六月八日には、宰相たち、総督たち、官人たち、そしてイェニチェリたちに、氷入りシャーベットとピラフと焼き肉をはじめとして、さまざまの馳走が供された。そのため、各々、七二名が座すことのできる大食卓からはじめて、数多くの大小の宴席が設けられ、各々、身分と地位に従って座を占め、食事を楽しんだ。翌六月九日には、イスラムの聖法の守護者たるイスラム法学者（ウレマー）たちが宴に招かれた。

次々と続くこの招宴に際し、施主たるムラト三世は、自らは、宴席に加わらず、自らの代理として、大宰相が列席した。すでにスルタンは、完全に至高の専制君主と化していたのである。

落日の日々

かような華やかな祝祭の宴は、その後も一六世紀末から一八世紀初頭にかけて、しばしばくりひろげられ、君府の上下の人々の目と舌を楽しませた。しかし、この時期はまた、東隣のイランでは、英主シャー・アッバースの改革が進行し、西隣では、ハプスブルク帝国をはじめ西欧勢力が除々に新発展を遂げつつあるなかで、外にオスマン帝国の領域の拡大が停滞し始め、内に旧秩序が大きく変化し、中央でも政治に混乱が生じ、地方でも、内乱、混乱が相次ぎ始めた時代にあたっていた。

帝都の人々を熱狂に駆りたてた華やかな祝祭の場となった「馬の広場」は、一七世紀初頭、ムラト三世の孫たちの時代から、ときに政治的混乱の場とも化し始めた。イェニチェリたちが、スープ用の大鍋カザンを覆して反旗を翻すとき、時の政治を担当する大宰相、そしてときにはスルタン自身が、あるいはその地位を、ときには命まで失うことも珍しくなくなっていった。少なくも、外交と政治の面において、オスマン帝国は、興隆の時代から、落日の時代へと向かい始めたのであった。

その兆しは、すでに一五七一年のレパントの海戦における大敗北にかいまみられたが、ちょうど一五八二年の盛大な祝祭からいくばくもなく始まった一六世紀末から一七世紀初頭にかけての東方でのサファヴィー朝との膠着戦、西方でのハプスブルク帝国との有利ならざる戦いは、その表れであった。

このような状況のなかで、一七世紀を通じ昔日の黄金時代への復古をめざす改革の提言と改革の試みもあいついで現れ、とりわけ一六五六年に始まるキョプリュリュ・メフメット・パシャをはじめとするキョプリュリュ家出身の大宰相たちの一連の改革は、復古の実を挙げ得たかにみえたが、それも、改革の成果のすべてをかけた一六八三年の第二次ウィーン包囲の失敗によって脆くも崩れ、一六九九年のカルロヴィッツ条約により、ハンガリーを失い、かつての西方への脅威オスマン帝国は、西方からのハプスブルクの脅威にさらされ始めた。そして、一八世紀に入ると、新たにピョートル大帝の改革により急速に台頭したロシアの北方からの脅威にもさらされ始めた。

軍事的落日と文化的光輝と

しかし、この急速に台頭する西方の列強の前におけるオスマン帝国の外交的政治的後退は、必ずしも、オスマン帝国の文化、とりわけ君府の都市文化の後退をもたらしたわけではなかった。一七世紀の帝国の国政に暗雲をもたらす一因ともなった、後宮の女性たちの影響力拡大による「女人《にょにん》の天下」の一時期もまた、君府の宮廷文化にとっては、一つの華をつけ加える一因ともなった。

軍事的な落日へと向かうこの時代は、文学に、芸術に、そして君府の人々の生活様式と食文化においては、古典的なオスマン都市文化の洗練をもたらした時代でもあった。とりわけ、君府の古典的文化の歴史において最も光輝を放つ時代は、一八世紀初頭、一七一八年に、パサロヴィッツ条約によって、ハプスブルク帝国に対西方作戦の最大の拠点ベオグラードをも、一時的ながら奪われたのちに到来したのであった。

「チューリップ時代」

西方のハプスブルク帝国のみならず、北方の新興ロシアの圧力も加わり始めた一八世紀初頭、二七年にわたり帝位を占めたのは、オスマン朝第二三代アフメット三世であった。治世の前半、西方と北方からの脅威に苦しんだこの文人肌のスルタンは、王子時代以来の腹心のイブラヒムを起用して、大宰相とし、対ハプスブルク和平にあたらせ、一七一八年にパサロヴィッツ条約締結後、政治を全面的にイブラヒムに委ねた。

いわゆる「地下都市」で有名なカッパドキアのネヴシェヒル出身のためネヴシェヒルリの呼び名をもって知られるイブラヒム・パシャも、宮廷育ちの文人政治家であり、以後、外に対西欧宥和政策をとりつつオスマン史上類例の稀な一二年間にわたる平和の時代をもたらし、内に帝都イスタンブルの都市開発と文化振興の策をとった。

自ら詩人で書家でもあるスルタン、アフメット三世と、その寵臣で同じく文人肌の大宰相ネヴシェヒルリ・イブラヒム・パシャの下、君府の人々は、束の間の泰平を楽しみ、享楽的な都市文化が栄えた。アフメット三世は、パサロヴィッツの和約がなるとまもなく、多年の戦争と敗北の時代の憂さを忘れさせようとするかのように、一七二〇年、王子たちの割礼を祝う盛大な祝祭を催した。かつてのムラト三世の祝祭にも匹敵する、この華やかな祝祭は、当代一の詩人ヴェフビーの詩筆と、そして享楽的で官能的な画風で知られる特異な天才宮廷画家レヴニーの画筆によって、今に伝えられる『祝祭の書』のなかに活写されている。

この周辺の暗雲を忘れさせるに十分に華やかな大祝典とともに始まった平和の時代に、君府の都市文化は華やかに咲き誇り、チューリップ（ラーレ）が愛好されたため、後代になり「チューリップ時代（ラーレ・デヴリ）」と名づけられた。

花と泉

スルタン、アフメット三世とイブラヒム・パシャは、金角湾の西北の奥の真水豊かで木々の緑も濃いキャートハネの地に、「至福の地（サーダバード）」と名づけた離宮を造営し、この地は、西欧人さえが「ヨーロッパの最も甘味なる水」と呼ぶ、君府の人々の行楽の地となった。

スルタンとその寵臣はまた、君府周辺の各地に新水源を求めて水道を開き、そこここに人工の泉を設けて都市整備に努めるとともに、石造の泉の表面を、詩人たちの手になる詩を見事な書体で彫りつけた碑文で飾った。

色変わりのチューリップの球根一つが万金の値を呼ぶ享楽的な雰囲気のなかで、芸術家肌の君主とその寵臣は、広く文化のパトロンとなり画家のレヴニー、詩人のヴェフビーらに活躍の場を与え、文人、芸術家の集うオスマン式サロン（メジュリス）が、帝都のそこここに開かれた。

このような君府のサロンの世界に、新たな光輝を添えたのは、アフメット三世とイブラヒム・パシャの庇護の下、驥足《きそく》を展《の》ばし始めた新傾向の詩人ネディムであった。イスラムの聖法シャリーアの守護者たるイスラム法学者の名門に生まれ自らもイスラム学院の教授を勤めたにもかかわらず、ネディムは享楽的に現世の生の歓びを、平易なトルコ語でうたいあげ、オスマン朝の古典定型詩の歴史に新時代をひらいた。

英国貴婦人の目に映じた「チューリップ時代」前夜の君府の食

君府の古典的文化の最後の光輝を放った「チューリップ時代」の君府の祝祭の饗宴について、宴席の有様はミニアチュールからもうかがいうるが、その献立がいかなるものであったのか、詳細を逐一詳らかとしうる刊本の史料を、今、管見の及ぶところ見いだすのは難しい。しかし、この頃の食と食の周辺の洗練をうかがい知る一つの手がかりとして、まさに「チューリップ時代」が来ろうとしていた一七一七年、君府に到着した一英国貴婦人の観察が残されている。その英国貴婦人とは、この年、駐コンスタンティノープル英国大使として赴任した、エドワード・ウォートレイ・モンターグ卿の妻、レディ・メアリー・モンターグである。後に一八世紀の「新しい婦人」の一人としてヨーロッパに名を馳せたこの才媛は、エキゾチックな東洋の風物に心ひかれ、有名な『トルコ書簡集』を残した。

その書簡集中、一七一八年五月一九日附の書簡のなかで、レディ・モンターグは、前スルタン、ムスタファ二世の寵妃であったハフサ・スルタンに正餐に招かれたことを書き残している。

それによれば、豪奢極まる宝石類をちりばめたトルコ服を身につけた女主人は、五〇種にも及ぶ肉料理を、一種、また一種と、一皿ずつ食卓に供したという。そして、食卓のナイフは、ダイヤモンドをちりばめた金製のもので、テーブル・クロスとナフキンさえも、絹と金とで繊細極まる花模様を縫いとりした薄布からなり、実際にそれを用いるのが誠に惜しいと思うほどであったと伝えている。

そして、食事には、シロップ水（シェルベット）が、黄金の蓋と受け皿を添えた陶磁器の碗で供され、食後には、指を洗い清めるために、黄金のたらいに入れた水が運ばれ、水にぬれた手をぬぐうためには、ナフキンと同じく絹糸と金糸で縫いとりされたタオルがさし出されたという。食後のコーヒーもまた、いうまでもなく、金の受け皿つきの陶磁の器で供された。

主人を失い隠棲した前スルタンの元寵妃ですら、かように豪華な正餐を供し得たのであるから、わが世の春を謳歌した「チューリップ時代」の主《あるじ》、アフメット三世の祝祭の饗宴の食卓は、それにもまして豪華絢爛たるものであったことであろう。

巻ノ十　「土」風から「洋」風へ

異国趣味から「西洋化」へ

「ところ変われば、品変わる」というが、時代が移れば、好みもまた変わる。あれほどに華やかに栄えた君府の文化も、ちょうど、その爛熟の頂点にさしかかった頃には、新しい変化への芽がめばえ始めることとなった。すなわち、一八世紀初め、まさに君府における伝統的オスマン文化が最も華やかに開花した「チューリップ時代（ラーレ・デヴリ）」において、すでに、在来のムスリム・トルコ文化の洗練と爛熟に加えて、異教の西洋の文化の何片かが入り込み始め、エキゾチックな華やぎを添えるに至っていた。勿論、それはまだ、ごく限られたエリート文化中の、それもミニアチュールや庭園といった限られた領域にとどまり、その影響も単なる表層的な「異国趣味」にとどまり、衣、住、そして食といった文化の根幹とは、なお毫《ごう》も関係がなかった。しかし、「土」風文化への「洋」風文化の、当面のところは「異国趣味」としての密やかな浸透は、遥か後代、食の文化への「異国趣味」、そして「洋」風の混入の伏線となった。

すでにみた如く、君府の伝統文化の成熟の時代たる一七～一八世紀は、オスマン帝国の世界史的位置についてみれば、イスラム世界内においては、独自の発展をとげつつも、近代西欧の急速な発展と台頭に比すれば、これに対し、徐々に遅れをとり始めた時代であった。かような状況の変化への原初の対応として一七世紀から一八世紀初頭までを通じてまず試みられたのは、「黄金時代」への復古をめざす改革の企てであった。しかしその限界はまもなく明白化し、そこで生じたのが、アフメット三世の腹心、ネヴシェヒルリ・イブラヒム・パシャによる、かつての聖戦の国家の伝統に反する対西欧宥和政策と一二年にわたる束の間の泰平の時代であった。

しかし、一八世紀初頭以降、オスマン帝国と近代西欧との力関係は、決定的に逆転し、オスマン帝国は、台頭しつつある近代西欧の軍事的・外交的外圧に次第に脅かされ始めた。そしてこの「西洋の衝撃」を、オスマン帝国の支配層の一部の先覚者も認識し、復古による改革によってはこれに対処することは不可能であることを覚り、少なくも部分的には近代西欧の武器や軍事技術を導入することによる改革が必要であることを自覚することになる。こうして、一八世紀中葉以降、とりあえずはごく限られた形ながら、「西洋化」としての改革の試みが開始され、開明派と守旧派の抗争のなかで、一進一退しつつ、進み始めた。

初期の「西洋化」改革と伝統文化の洗練化

一八世紀に始まった、主に軍事面におけるごく限られた「西洋化」改革の進展は、当初、文化の面においては、「異国趣味」を超えるほどの影響を与えることなく、君府の伝統的オスマン文化もまた、エリート文化においても、庶民文化においても、在来の枠組内での洗練化と成熟をとげていった。このエリート文化の洗練と成熟の表れが、古典定型詩（ディーヴァン詩）における最も洗練された巨匠シェイフ・ガーリプの出現であり、また例の無名氏の古典料理書の出現であったであろう。このような状況下では、君府の庶民の食文化も、あくまでも伝統的なトルコ料理の範疇《はんちゅう》内で、豊富化と洗練をとげていった。今日に残るトルコ菓子の老舗中の老舗たるハジュ・ベキルがトルコを代表する求肥の如き菓子ロクムの分野で現れたのも、その証左であろう。

そのことは、軍事と政治の面において、一七八九年四月、フランス大革命に先立つこと約三ヵ月にして即位した、オスマン朝第二八代セリム三世が、主に軍事面においてではあるが、従来よりも遥かに体系的な近代西欧モデルの受容による「西洋化」としての近代化の試みを進め始めたことにもあてはまる。実際、一八〇七年、ついに守旧派の反乱によって挫折した、この「西洋化」改革の先駆者は、同時に、トルコ古典音楽の優れた担い手であり、とりわけ古典歌謡の有数の作詞者であるとともに、イスラム神秘主義教団の一つで芸術とかかわりの深いメヴレヴィー教団の一員ともみられ、その意味では、古典的オスマン文化、古典的なイスタンブルの伝統文化を代表する一人であった。文化変容は技術変動より遥かに時間を要し、文化のなかでも「好み」の変化は、とりわけゆるやかなのである。

技術の「近代化」と文化の「西洋化」

しかし、急速に新技術を発展させつつあった近代西欧の影響は、文化の基底でもある食の世界にも、浸透しつつあった。食のなかでも、最も文化の洗練を体現する菓子においても、例えば、一八世紀末から一九世紀初頭にかけて、西欧の近代技術によって、良質で安価な澱粉を作ることが可能となった。そのため、従来はやや出来上がりの重かったロクムの素材が、小麦粉から澱粉へとかわり、ずっと軽快なるものと化した。また、甘味料についても甘蔗《さとうきび》を素材とする砂糖が当時のイスラム圏では非常に高価だったため、癖が強くやはり味の重い蜂蜜を一般には用いていた。しかし、この頃から甜菜《てんさい》糖を製造する技術が、これまた西欧で発明され、ロシア、ウクライナ、ドイツ等で大量に安価な砂糖が作られ始めると、砂糖が蜂蜜にとってかわり、ロクムは、従来より遥かに甘くかつ軽い菓子となり、今日、われわれの味わうものとなったのであった。

新技術の影響は、近代西欧列強と国際関係と戦争の場において角逐《かくちく》せざるを得ぬ軍事や政治において、さらに熾烈であった。一八〇七年、セリム三世の先駆的改革が挫折したのち間もなく、セリムが望みを託した彼の若年の従弟マフムート二世が一八〇八年にオスマン朝第三〇代スルタンとなり、多年の雌伏を経て、一八二六年に今や守旧派の牙城と化したかつての帝国の精鋭イェニチェリ軍団の廃止に成功したのち、再び近代西欧モデルの受容による改革を大々的に再開した。マフムートの改革は、軍事のみならず、行政、外交、経済、社会等々に及ぶ広汎な改革と化し、「西洋化」としての「近代化」が急速に進み始めた。外交の改革のためには、オスマン史上初めて、ムスリム・トルコ系のエリートたちがフランス語を中心とする近代西欧語を学び始め、さらに彼らは、西欧諸国におかれた在外公館に派遣され、また留学するようになった。

軍隊の改革はまた、武器や知識のみならず、近代兵器と近代的操兵にふさわしい服装を求めて、「洋服」の採用をもたらした。洋服の採用は軍人から文官に及び、服の受容は被りものにも及び軍人と官吏に対して従来のターバンが禁止され、新たに赤い円錐台形のフェス（モロッコ帽）の着用が命ぜられ、これが日本にも伝わりトルコ帽と呼ばれるようになった。近代西欧モデルの導入による技術の近代化の試みは、洋服採用や仏語導入にみられるように、西欧文化の受容としての文化の「西洋化」をも伴った。とりわけ、近代西欧の新技術を導入すべく若手のエリートを海外に派遣、留学させて、西欧体験をもつ人々が少数とはいえ生じることになった。さらに大量に新技術と新知識の担い手を養成することをめざして、これまた近代西欧モデルに基づく新式諸学校が帝都に開設され、その学生、卒業生が生じ始めると、近代西欧についていくばくかの知識を有し、近代西欧語をも解する人々が登場し、文化における新志向がさらに強まっていった。

このような変化の過程は、マフムート二世の崩御直後の一八三九年に発布された「ギュルハネ勅書」とともに始まり、より広汎で大規模な「西洋化」改革となっていったタンズィマート改革において、さらに急速に進展した。そして、一八七六年のオスマン帝国憲法の発布をもって終わる三七年に及ぶタンズィマート期において、ちょうどわが国の明治時代の改革におけると同じく、文明の近代化とともに、文化の西洋化もまた急速に進み、思想、文学、演劇、音楽、芸術、建築から、衣食住に至るまで、文化の広汎な領域で「西洋化」が進行していった。

「ア・ラ・トゥルカ」と「ア・ラ・フランガ」

君府の都大路には、西洋式の馬車が往き交い、ターバンにトルコ服のオスマン官人にかわって、赤いトルコ帽にフロック・コートや洋式軍服のハイカラな官僚・軍人が闊歩《かっぽ》し、新式上流階級の御婦人方のなかにも、洋装に薄いフェラッジェと呼ばれるヴェールをつけたハイカラさんが現れ始めた。洋装は、明治日本におけると同じく、まず初めは官僚、軍人に始まり、次第に上流・中産層に普及していったが、庶民のほうは、ターバンに短いモンペのようなシャルヴァルと呼ばれる伝統的ズボンといった姿で、イスタンブルでも、「洋」風と「土」風が入り混じっていた。

このとき、西欧語から表現を半分借りて、「土」風は「ア・ラ・トゥルカ」、「洋」風は「ア・ラ・フランガ」と呼ばれた。「フランガ」とは、フランスにあらずして、フランスそのものの語源でもある大昔のフランク王国の名に源を発し、遠い昔、アラブ・ムスリムたちが、野蛮な異教徒の世界だった西欧キリスト教世界を「フランク人の地（フィランジャ）」、西欧人をフィランジと呼んだのに由来する。

「ア・ラ・トゥルカ」と「ア・ラ・フランガ」は、服装のみならず、住居にも生じ、床に敷いた絨毯、マット《キリム》上に座ったり、座布団《メンデイル》上に胡座《あぐら》や正座、あるいは片ひざ立てで座り、食事もそこにシニと呼ばれる食卓用の盆をおいてしつらえたソフラ（食事用の席）でとっていたのが、室内に椅子と机をおき、椅子式で暮らし、椅子で食事する「ア・ラ・フランガ」の生活様式をとる人々も現れ始めた。これまた、当初は、その原型は、帝国の頂点をなすスルタンの生活であり、その即位とともにタンズィマートが始まったオスマン朝第三一代アブデュル・メジトの時代に長らく君府の中心でもあったメフメット二世以来のトプカプ宮殿から、スルタンの住居もまた、金角湾北方のボスポラスに面した新築のドルマ・バフチェ宮殿へと移った。一八五七年に完成したこの宮殿は、土洋折衷の趣きも伴うが、基本的には西欧式の「洋」風宮殿であった。

食における「土」風と「洋」風

お上《かみ》の政府や軍隊から、学校、建物、街並やら、服装、住居までに「洋」風が入り込み始めると、当然ながら、食の世界にも、「洋」風が遅ればせながら入り始めた。すなわち、一方では、まるでわが国の鹿鳴館時代のような状況のなかで、公式の晩餐会や夜会の折に、さらにまたイスタンブル在住の異教徒の外国人たちの出入りする西洋料理店《ロカンタ》、菓子屋《パスタハネ》、珈琲店《カフヴェ》、さらには洋風旅館《オテル》が開かれるなかで、「洋」《ア・ラ・フランガ》風の食の文化も、流入したのである。そして、そこに、異人のみならず、オスマン朝の臣民たるキリスト教徒やユダヤ教徒たち、さらにはハイカラ志向のムスリム・トルコ系のエリート、サブ・エリートたちも、出入りし始めた。しかし当初は「洋」風の食の世界に出入りするのは、帝都でもごく限られた一部の上層・中流の人々であった。タンズィマート期の名残りを伝える店として、イスタンブル新市街の古くよりの目抜き通り、イスタンブル銀座というべき、かつての「ペラ大通り《ジャッデイ・ケビリ・ペラ》」、今日の「独立大通り《イステイクラール・ジャッデスイ》」の中程、西側にマルキズ菓子店があり、ステンド・グラス入りのガラス窓、一九世紀風のハイカラ壁画のある独自の風格を保っていたが、今は残念ながら休業中となっている。わが国でも、しばしば「明治は遠くなりにけり」といわれるが、君府においても「タンズィマートは遠くなりにけり」なのである。

「土」風・「洋」風兼用の料理書の出現

まるで明治初年の東京の築地の外国人居留地や横浜の居留地におけるような「洋」風の食の店の出現とならんで、君府の食の世界に、「洋」風をもち込んだいま一つのものに、一九世紀になり盛んとなっていった出版活動の一環として刊行され始めた料理書があった。とはいえ、一八四四年に刊行され、その後も一世代の間、版を重ねたオスマン帝国で最初の刊本の料理書たるメフメット・キャーミルの『コックの避難所』は、実は、基本的には「土」風料理の新しい手引きに他ならず、すでに巻ノ五でふれたように、一八世紀の古典的料理書の焼き直し版的なものであった。それゆえ、まだこの本では、「洋」風料理は極く限られた形でしか採り入れられず、ただ、食材として、一七世紀の公定価格表の食料の部にも全くみられず、一八世紀の料理書にもまだない、馬鈴薯がパタテズ、蕃茄《トマト》がトマテズ（ドマテズ）の名の下に漸く姿をみせているのが目新しい程度にとどまる。

しかし、タンズィマート期直後の一八八二〜八三年に初版の出た、ファフリエ女史の料理書『家庭婦人』になると、その副題に、真正面から、「ア・ラ・トゥルカ、ア・ラ・フランガの料理書」の名を掲げている。この書中では、今ではもう不可欠の食材となったトマトが、トマテスの名の下に、「土」風料理の味つけでも大いに活躍し始めている。

のみならず、この書中では、全体が二部仕立てとなっていて、「ア・ラ・フランガ」料理の部では、前菜、スープ、肉や魚の主菜から、デザートに至るまで、多数の西洋料理が体系的に収載されている。これに加えて、巻末には、「土」風の食卓のしつらえ方のほか、「洋」風の食卓のしつらえ方、食器の並べ方の図まで掲げられ、また、「洋」風の食の作法まで紹介されている。

極めて特殊なハイカラ分子のみがたちまわる君府の洋食店、洋式珈琲店等の、君府の一般の人々の食の文化への影響は極く限られていたであろう。しかし、一九世紀も後半に入り、「土」風のみならず「洋」風の料理まで体系的に紹介する料理書が出版・刊行され、それが版を重ねて少なからぬ読者を得たことは、より大きな影響をもったであろうし、またその受け手が、かなりの層として成立してきていたことも示している。

帝都イスタンブルの世紀末と食の諸相

ほぼ本邦の明治時代にあたるタンズィマート時代は、わが明治憲法に先んずること一三年、一八七六年に、アジアの完全な独立国における最初の憲法たるオスマン帝国憲法の発布をもってクライマックスを迎えたが、オスマン史上、第一立憲制と呼ばれる時代は、翌一八七七年、露土戦争をきっかけに、時のスルタン、アブデュル・ハミト二世によって憲法が凍結されて終わった。

以後、アブデュル・ハミト二世は、スルタン専制体制を復活させ、君主のイニシアティブの下、上からの改革の形で、「西洋化」としての近代化を推し進め始めた。一九〇八年まで三一年にわたって続いた、アブデュル・ハミト専制下の時代が、オスマン帝国の世紀末といえよう。ドルマ・バフチェ宮殿から、さらにその西北のイュルドゥズ宮殿（星の宮殿）へと居を移したアブデュル・ハミト二世の宮廷においてもなお、洋食でなくトルコ食が基調をなしていたように、君府の上下《しょうか》の人々の食生活の基本は、なお純粋トルコ料理であった。

この頃にまで遡る、オスマン帝国の世紀末の純粋トルコ料理の洗練を体現する料理店《ロカンタ》としては、一八九七年に創立された、コンヤル料理店があった。オリエント急行の東方の始点であるシルケジ駅前に位置するこの料理店は、ムスリムのしきたりに従い酒は一切供さず、最も純正のイスタンブル料理の精髄を、その後、一世紀近くにわたって供し続けた。かつての江戸の味を代表する料亭が八百善《やおぜん》であったとすれば、君府の味を代表したのがコンヤルであったとさえいえよう。今は支店のみが残るにすぎぬこの料理店の出現は、イスタンブルの世紀末に、食文化においてはなお、君府の伝統の連続性が強かったことを示している。

しかし、食される料理はおおむね「土」風にとどまったにせよ、食卓のしつらえ方と食器については、まず頂点を占める宮廷から、徐々に「洋」風となっていった。さらに続いて、食の内容にも「洋」風が浸透し始めた。かような変化は、宮廷のみにとどまらず、次第に下々にも及び始めた。この時代は、君主専制の下ながら、タンズィマート以来の西洋化改革の成果が次々と結実した時代であり、新教育を受けた新式のエリート、サブ・エリートが君府のみならず地方でも大量に生み出され、外来の洋風文化の受容者の層も格段に厚くなっていった時代であった。

古典オスマン文学に対し、近代西欧風の小説や短編や新体詩が文学のジャンルとして定着し、近代西欧の諸思想も根づいていったように、「洋」風の生活様式もさらに浸透していった。この時代に、「土」風と「洋」風の料理を併せ含む家庭料理書が多数現れ始めたことは、君府の食文化における「洋」風の浸透をも示している。オスマン朝の世紀末のハイカラ食文化の名残りの一つは、一八九五年、東方急行《オリエント》で君府に来訪する西方からの貴顕の宿泊施設として開店した、東洋情緒《オリエンタリズム》の香り高いペラ・パラス・ホテルのダイニング・ルーム、そしてバーであろう。

オスマン帝国の終焉とトルコの食文化におけるイスタンブルの位置

オスマン帝国の長い世紀末は、一九〇八年のいわゆる青年トルコ革命とともに終わった。まもなく、オスマン帝国そのものも欧州列強の国際政治の荒海で青年トルコ革命の指導者たちの下で迷走を続け、第一次大戦で独墺側に立って参戦して敗戦国となり、崩壊した。亡国の危機に際し、アナトリアを拠点にムスリム・トルコ系の人々を中心とする抵抗運動をまとめ上げて、西欧列強のアナトリア分割の野望をくじいたムスタファ・ケマル・パシャは、一九二二年にスルタン制を廃してオスマン帝国は消滅し、一九二三年には、トルコ共和国が成立した。

のちにアタテュルクの姓を得るムスタファ・ケマルは、イスラム帝国たるオスマン帝国にかわり、世俗的国民国家としてのトルコ共和国の建設をめざし、かつての帝都イスタンブルから、首都も、アナトリアの中心に位置するアンカラに移した。こうして政治の中心は新首都に移った。しかし、四七〇年にわたりオスマン帝国の帝都たり続けたイスタンブルの街は、その後も、常に最大の人口を擁し、トルコの経済と文化における中心都市の地位を保った。そして、食文化の世界においても、君府以来の伝統を継いで、トルコにおける最も華やかな食都たり続けたのであった。

イスラムを国教の地位からはずし、イスラム法にかえて近代西欧法を受容し、イスラムと殆ど不可分に結びついたアラビア文字を廃してラテン文字でトルコ語を綴ることとし、アタテュルクは、近代西欧モデルの採用による近代化と西洋化を全面的に推し進めた。かつてマフムート二世が軍人・官僚のターバンを禁止したように、アタテュルクはターバンもトルコ帽も全国民に対し全面的に禁止し、衣服における西洋化は徹底して進み、もはやイスタンブルで伝統的トルコ服をみることはなくなった。君府で古くから支配的だった庭つきの木造家屋は次第にコンクリート造りのアパート群にとってかわられ、かつての床に座して食し床に布団《ヨルガン》を敷いて休むトルコ風の住居スタイルも殆ど姿を消した。

食の世界においてもフランス料理を供する店に加えて、ロシア革命後の亡命ロシア人の開いたイェニ・レジャンスのようなロシア料理店も開かれ、アタテュルクのイスタンブルでの好みの店の一つとなった。また、フィッシャー・レストランのようなドイツ料理専門店も開かれ、「洋」風料理の選択肢も著しく拡大し、より多くの人々が、「洋」風料理に接するようになった。

しかし、衣や住の領域と異なり、食の領域においては、一般の家庭の手料理においても、近年に至るまで圧倒的に純粋トルコ料理が作られ続け食され続けた。ハイカラ紳士の家庭はいざ知らず、君府の庶民の食卓は、トルコ料理の世界たり続けた。

外食の世界においてもまた、庶民の間で店頭に鍋釜の並ぶ食堂から焼き肉屋に至るまで、圧倒的に「土」風であるだけでなく、君府の金持や風流人士の赴く料理店も、「洋」風は全く例外的で、「土」風が支配的たり続けた。こうして、共和国期に入り、もはや帝都ではなくなったイスタンブルにおいても、コンヤルや、初め新市街の独立大通り沿いにあったアブドゥッラーのようなイスタンブル料理の老舗に加えて、旧市街のガラタ橋の東南方にほど遠からぬ、ビジネスマンの昼食場のようなボルサ・ロカンタスゥ（商品市場レストラン）、ガラタ橋新市街岸のカラキョイの波止場階上のリマン・ロカンタスゥ（波止場レストラン）、独立大通りから少し入ったハジ・サーリフ料理店の如き、君府の伝統的料理の伝統と味をよく伝える新たな名店も現れ、君府の食を愛する人々の舌を楽しませ続けたのであった。

食文化の「雑種文化」化

われわれ邦人の現代の食生活は、誠に混然として、「雑種文化」的性格が強い。われわれにとっては、料理というと少なくも、日本料理、中華料理、西洋料理の三種があるのが当たり前となっている。これに加えて、最近のエスニック・ブームのなかで、この三つのいずれにも含まれぬ、さまざまの料理にも少しずつなじみつつあるかにみえる。このことは、外食文化においてそうであるばかりでなく、家庭料理においてもあてはまる。このように、本邦の食文化の「雑種文化」化、ないしは少し表現がさつではあるが、本邦人の雑食化は、明治以来、一世紀余りの間に進行し、とりわけ、この半世紀に、全国津々浦々にまで浸透したといえよう。

これに比べると、トルコ、そしてそのなかで種々さまざまな食文化の交錯するところであるイスタンブルにおいてさえ、家庭料理は勿論のこと、外食文化においても、本邦に比べれば遥かに「雑食性」が少なく、在来のトルコ的食文化が圧倒的に大きな比率を占めていた。

食都イスタンブルの今日

しかし、少なくとも外食文化に関する限り、在来の伝統的食材に基づく伝統的諸料理を、「土」風料理と呼ぶとすれば、舶来の「洋」風の料理も散見され、さらに、従来の「洋」風とももまた違う、ハンバーガーに代表される「米」風ともいうべき要素も忍び込みつつあるのである。

漸く一九八〇年代に入ると、一方ではアメリカ直伝のハンバーガーやフライドチキン、ピッツァなどのファストフード文化が流入して少し懐の温かいモダンな若者たちを惹きつけ始め、イスタンブル、ひいてはトルコの食文化の変容の新段階が到来し始めたかにみえる。他方では新タイプの富裕層や風流人士が現れ、旧来のイスタンブル紳士の好みよりも、ずっとモダンなタイプのトルコ料理を好み始め、これに応えるような新タイプのトルコ料理店が、旧来の中心街を離れた新高級街に現れつつある。一九九〇年代に入り、共和国期のトルコ料理を代表する料理店で、独立大通りから、ボスポラス西岸を遡ったエミルガンに移っていたアブドゥッラー料理店や、カラキョイのリマン・ロカンタスゥが閉店したのは、イスタンブルの上流、中産層の食の世界における好みの新変化の反映であり、君府の伝統的料理を愛する者には、一抹の不安を抱かせる。

しかしなお、ビザンツ千年の都、オスマン朝四七〇年の帝都イスタンブルの食の世界は、中東、否、イスラム世界の食文化において、最も光彩陸離《りくり》たる食都としての伝統を保たせうるに十分に多様であり、かつ、洗練された味を保ち続けているといえよう。

美味佳肴は、それを解する人々と同じく、長い歴史のなかでのみ、はぐくまれうるのである。

つけたり

本書は、昔時の君府イスタンブルの食文化探訪の試みである。そも、食は文化の基《もとい》、食を論ぜずして人間の歴史を語り得ぬことは、泰西のアナール学派の生活の社会史などと難しいことはいわずとも、自明の理であろう。「旧世界」の三大陸をつなぐ海陸の交易の路が輻湊し、東西の物産の出会うところであったイスタンブルの街を、食の世界から論じ、異国情緒あふれる遥か西方の異域の街へと読者諸賢を誘《いざな》うのが、この書の目的である。

そして、「君府名物考」という副題は、ここで、単に君府の食の世界の名物尽しを試みるにとどまらずして、往時のイスタンブルの食物につき、「物」の名と、その「名」のさす「物」の双方を明らかとするという、旧時の中国の「名物学」なるものの応用を試み、これを通じて既往の君府の文化の一端を紹介したいという心づもりから、附したものなのである。しかし、君府の食の世界を散策し、「名物学」を試みるにあたり、何分、本書は、歴史家の余技の筆のすさびなれば、さほど風流なことは柄にもなく、材料の多くはオスマン朝期のトルコ語原史料に求め、あれこれと考証を試みる仕儀とはなった。

その際、少しはもの珍しい原典漁りも試みたことゆえ、いささか考証趣味に過ぎるかとも愚考するが、好学の士のために、主要文献のいくばくかをここに掲げておくのも、あながち無駄ではないかもしれぬと思い至った。もとより、余り異国の書物の名を連ねるのは無粋にすぎることゆえ、それも、最小限にてとどめおくこととする。

書誌としては、トルコ料理についての概括的書誌として Selma Birer and Zümrit Nahya, eds., *Geleneksel Türk Mutfağı Bibliyografyası üzerine bir Deneme*『伝統的トルコ料理書誌の試み』,

Ankara, 1990. オスマン語の料理書の解題つき書誌として Turgut Kut, ed., *Açıklamalı Yemek Kitapları Bibliyografyası*『解題つき料理書誌』, Ankara, 1985. この改訂英語版として、*Idem*, "A Bibliography of Turkish Cookery Books up to 1927," *Petits Propos Culinaires*, No.36, London, 1990, pp.29-48.

論集としては、*Türk Mutfağı Sempozyumu Bildirileri*『トルコ料理シンポジウム報告集』, Ankara, 1982. *Geleneksel Türk Tatlıları Sempozyumu Bildirileri*『伝統的トルコ甘味シンポジウム報告集』, Ankara, 1984.

トルコ民族の食文化の伝統については、Bahaeddin Ögel, *Türk Kültür Tarihine Giriş*『トルコ文化史序説』, Vol.IV, 2nd ed., Ankara, 1985. Burhan Oğuz, *Türkiye Halkının Kültür Kökenleri*『トルコ民衆の文化的諸基礎』, Vol.I, Istanbul, 1976, esp. pp.785-855.

食材についていえば、食材一般に関する基本的史料は、回暦一〇五〇年（西暦一六四〇年）附の公定価格表だが、これには二つの版があり、ユジェル版はオスマン語テキストの写真版を含み、キュテュクオウル版は二つの写本に基づきかつ用語集を含むため、両版を併用した。Yaşar Yücel, ed., *Eş‘ar Defteri (1640 Tarihli)*『公定価格帳（一六四〇年附）』, (1st ed., 2 vols, 1982), 2nd ed., Ankara, 1992. Mübahat S. Kütükoğlu, ed., *Osmanlılarda Narh Müessesesi ve 1640 Tarihli Narh Defteri*『オスマン朝における公定価格制度及び一六四〇年附公定価格帳』, Istanbul, 1963. なお、この補足史料として *Idem* ed., "1009(1600) Tarihli Narh Defterine göre İstanbul'da Çeşitli Eşya ve Hizmet Fiatları「回暦一〇〇九年（西暦一六〇〇年）附公定価格帳によるイスタンブルの諸物価と諸賃金価格」," *Tarih Enstitüsü Dergisi*『歴史研究所雑誌』, No.9, pp.1-85.

料理人尽しについては、いずれもやや不完全だが、オスマン語版として Evliya Çelebi, *Evliya Çelebi Seyahatnamesi*『エヴリヤ・チェレビィ旅行記』, Vol.I, Istanbul, 1314. 補足として、前者にない部分を含む現代トルコ語訳として、次のものを用いた。Evliya Çelebi, *Evliya Çelebi Seyahâtnâmesi*『エヴリヤ・チェレビィ旅行記』, tr. by Zuhuri Danışman, Vol.II, Istanbul, 1969.

料理については、先駆的研究として、Ahmed Süheyl Ünver, *Tarihte 50 Türk Yemekleri*『歴史におけるトルコ料理五〇種』, Istanbul, 1948.

主に依拠したオスマン朝の古料理書として、M. Nejat Sefercioğlu, ed., *Türk Yemekleri* (*XVIII. Yüzyıla ait Yazma Bir Yemek Risâlesi*『トルコ料理（一八世紀に属する写本の一料理小冊）』, Ankara, 1985.

一九世紀の刊本の初期料理書で依拠したのは、Mehmed Kâmil, *Melc üt-Tabbâhîn*『コックの避難所』, Istanbul, 1260 H., Türâbî Efendi, *Mecmua-i Et'ime-i Osmaniye*『オスマン料理集成』, *Turkish Cookery Book*, (1st ed., London, 1864), Rep. ed., Rouingdean, Sussex, 1987. Ayişe Fahriye, *Ev Kadını*『家庭婦人』, 2nd (3rd) ed., Istanbul, 1310.

料理法につき参照した現代の料理書として、Fahriye Nedim, *Alaturka ve Alafranga Mükemmel Yemek Tatlı Pasta Kitabı*『土風洋風完璧料理甘味菓子の本』, 14th ed., Istanbul, 1972. Ekrem Muhittin Yeğen, *Alaturka Alafranga Yemek Öğetimi ve Sofra Düzeni Sofra Görgüsü*『土風洋風料理教程及び食卓の整え方と作法』, Vol.I, 13th ed., Istanbul, 1979. *Idem, Alaturka Alafranga Tatlı-Pasta Öğretimi ve Soğuk Yemekler Mezeler Salatalar*『土風洋風甘味菓子教程及び冷製料理・前菜、サラダ』, Vol.II, 12th ed., Istanbul, 1980.

救貧給食施設の献立について、史料として主に依拠したのは、Ömer Lûtfi Barkan, ed., "Fatih Câmi ve İmareti Tesîsin 1489-1490. Yıllarına âit Muhasebe Bilânçoları「ファーティフ・モスクとその救貧給食施設の西暦一四八九～一四九〇年に関する会計収支簿」," *İstanbul Üniversitesi İktisat Fakültesi Mecmuası*『イスタンブル大学経済学部雑誌』, Vol.XXIII, No.1-2, pp.297-341.

他に、Ahmed Süheyl Ünver, ed., *Fâtih Aşhanesi Tevzi'nâmesi*『ファーテフ（給食施設）の厨房の配布指示書』, Istanbul, 1953.

宮廷の台所の食材と料理について、メフメット二世時代の宮廷の食材と料理についての先駆的研究として、Ahmed Süheyl Ünver, *Fatih Devri Yemekleri*『征服者（メフメット）時代の食物』, Istanbul, 1952.

宮廷の台所の経費の国家財政全体の中での位置と比率については、バルカン教授を中心に刊行された数点のオスマン朝の歳入歳出表を用いたが、煩雑となるので一々挙げない。

宮廷の食材については、全面的にバルカン教授によりトルコ歴史学協会から刊行された宮廷の台所の一連の帳簿集成に依拠した。Ömer Lütfü Barkan, "İstanbul Saraylarına ait Muhasebe Defterleri「イスタンブルの諸宮廷に関する諸会計帳簿」," *Belgeler*『史料』, Vol.IX, No.13, pp.1-380. なお、そのうち、メフメット二世時代の回暦八七八年（西暦一四七三年）第八月分はアフメット・レフィクにより、バヤズィット二世時代の回暦八九四〜八九五年（西暦一四八九〜九〇年）のものは、バルカン教授により以前に刊行されており、特に後者の脚註は、有益で補足として参照した。

宮廷の組織と生活については、多くの文献があるが、特に次の二書が基本的である。İsmail Hakkı Uzunçarşılı, *Osmanlı Devletinin Saray Teşkilâtı*『オスマン朝の宮廷組織』, Ankara, 1945. Barnette Miller, *Beyond the Sublime Porte,* (1st ed., 1931), Rep. ed., New York, 1970.

宮廷の献立については、メフメット二世の宮廷の台所の会計簿によるところが大であるが、他に四季の健康メニューについては、Nil Sarı, "Osmanlı Sarayında Yemeklerin Mevsimlere göre Düzenlenmesi ve Devrin Tababetiyle İlişkisi「オスマン宮廷の食物の季節による調製と当時の医学との関係」,"『トルコ料理シンポジウム報告集』所収（二五七―三四五頁）。

祝祭の饗宴については、会計簿も発見刊行されておらず、ミニアチュール入りの『祝祭の書』も未刊行なので、主に二次史料に拠る。Metin And, *Osmanlı Şenliklerinde Türk Sanatları*『オスマン朝の祝祭におけるトルコ芸術』, Ankara, 1952. Hilmi Uran, *Üçüncü Sultan Mehmed'in Sünnet Düğünü*『スルタン、メフメット三世の割礼の祝典』, Istanbul, 1942.

「チューリップ時代」前夜の食生活に関しては、Robert Halsband, ed., *The Complete Letters of Lady Mary Wortley Montagu*, Vol.I, Oxford, 1965.

学術文庫版へのあとがき

本書の初版が刊行されたのは一九九五年のことであった。振り返ると、四半世紀が過ぎ去ったこととなり、トルコの食をめぐる状況も、我が国はもちろん、トルコ本国でも、大きく変化した。

我が国の状況についてみれば、一九九五年当時、東京でトルコ料理店というのは、一〇軒に満たなかったのではないかと思う。そもそも、筆者がイスタンブルに留学した一九七二年には、都内にトルコ料理店はなかったと記憶している。筆者がトルコ料理を初めて味わったのは、イスタンブルに到着した後のことであった。一九七五年に筆者が、三年間のイスタンブル留学を終えて帰国した後、漸《ようや》く都下でおそらく最初のトルコ料理店が、吉祥寺で開かれたのであった。その後、トルコ人のコックさんの働く店が新宿三丁目に現れ、以後、都下のトルコ料理店が次第に数を増し始めた。今日では、都下のトルコ料理店だけでも、数十店を数えうるであろう。それに加えて、トルコ式ケバブ専門店も加わり、トルコ菓子専門店まで今は埼玉県に移ってしまっているが、まずは都下で開かれた。トルコ料理は、本邦でも、ある程度知られるようになった。そのうえ、トルコ料理のレシピ本も何種類か刊行されるに至った。そして、イスラム教徒用食品のハラール食料品店が、代々木上原の本格的モスクである東京ジャーミイ内の店をはじめとして何軒も開かれ、トルコの菓子、缶詰、食材さえ入手できるようになった。

このようなトルコ料理の普及の一因は、邦人の海外旅行が盛んとなり、トルコ旅行に赴いた人も増え、またトルコ旅行に行ってみたいと思う人も増加したことにあるのではなかろうか。

いまひとつは、日本人の「舌」の感受性の幅が大きく拡がり、様々な「エスニック」料理が受け容れられ、トルコ料理もそのひとつとなったことがあろう。

かように、トルコ料理店が増加してトルコ料理が普及し、レシピ本も何点か刊行されてはいる。しかし、トルコの食の文化とその歴史についての書物は、本書の初版刊行から四半世紀がたったにもかかわらず、未だ殆ど刊行されていないのではあるまいか。

本書の正題は『食はイスタンブルにあり』であり、その題名から「イスタンブルのグルメ・ガイド」と思われがちだが、実際には、イスタンブルの食の世界の文化史というべきものである。

副題の「君府《くんぷ》名物考《めいぶつこう》」については、筆者は本来、こちらを正題にしてはと思ったのであった。そして「名物考」とは、中国文学史の碩学・青木正児先生の名著『中華名物考』のひそみに、実は、ならっている。「君府」の方は、かつてビザンツ一千年の帝都であり、オスマン帝国の帝都でもあったイスタンブルの漢名なのである。

本書のめざすところは、一四五三年以来、「君府」を帝都としたオスマン帝国の歴史的発展の過程をふまえながら、帝都イスタンブルの食の世界の展開をかいま見ることにある。このような試みは、一九九五年までについてみれば、トルコ本国においても、ごく僅かな先駆的試みがみられるのみであった。本書初版刊行後の時期になって、トルコ本国においても漸くトルコ食文化史、トルコ食文化論についての研究が現れるようになったが、本書のような拡がりをもつイスタンブル食文化史、食文化論は、トルコ本国でも欧米でもみる機会がない。トルコ人研究者の友人たちからも、トルコ語訳をとの声も度々あがるが、日本語を解するトルコ人のイスタンブル食文化史研究者などいようはずもなく、といって筆者もあれこれと多忙で自らトルコ語訳にとりくむいとまもなく、まだ実現をみていない。ただ、トルコにおける日本学の大家の一人で、日本トルコ比較文化史にも関心の深いセルチュク・エセンベル教授が、イスタンブルのトルコ国立ボアジチ大学での国際研究集会で本書を紹介する発表を行ったとのことを、ご自身から伺ったが、口頭報告のみで報告書は刊行されなかったようで、発表内容は、筆者も詳しく知ることを得ていない。

さて、本書についての話はこれくらいにして、本書が刊行された一九九五年以後のイスタンブルの食の世界について、少し記しておこう。本書末尾でもふれたように、一九八〇年以降、トルコ経済が本格的に発展し始めたのとあいまって、イスタンブルの食の世界にも大きな変化が生じつつある。一つには、イスタンブルの人々の生活のスタイルと食の好みの変化の中で、古典的な正調イスタンブル料理を供してきた老舗のレストランが、あるいは姿を消し、あるいは業態も供される料理も大きく変わってきたのである。かつてイスタンブルを代表する新市街の高級料理店で一時、再興されていた「アブドゥッラー・ロカンタスゥ」は閉店してしまった。そして、一九世紀末以来の歴史をもち、古典的正調イスタンブル料理を供してきた、イスタンブルの「八百善」ともいうべき、旧市街の「コンヤル料理店」は、各所に支店を開いたものの、昔日の面影を失ってしまったように見える。また、古くからのイスタンブルの庶民料理を供してきた昔風の食堂も、数を減じつつある。

もっとも他方では、オスマン帝国ノスタルジーも生まれつつあり、オスマン宮廷料理を売り物とする高級料理店が新たに開かれているが、昔日の「コンヤル」に比すべきものは数少ない。ノスタルジーといえば、どういうものか、アナトリア農村ノスタルジーというべきものも出現して、筆者留学中の一九七〇年代前半には、イスタンブルで一～二軒しかなかった、中央アナトリア名物の「トルコ式ラヴィオリ」というべきマントゥの専門店が急速に数を増し、こちらは都市的な若者たちの支持も得つつある。これに加えて、アナトリア農村風の「お焼き」というべきギョズレメを専門とし、店頭でアナトリア農村の衣装の女性たちがパフォーマンスとして焼き上げる専門店まで現れている。これは筆者留学中には全くみられなかった現象である。

一方、一九七〇年代前半には殆どみかけなかった、黒海料理店とかブルサ焼き肉店といった地方料理の専門店が現れた。同時に、東南アナトリア風の肉の炉端焼店とでもいうべきオジャク・バシュなるジャンルの店も急増し、これもかつてイスタンブルでみることのなかったシャルガム・スユ、すなわち蕪のジュースなどが供され始めた。

さらに、トルコでもエスニックに関心が拡がったのか、かつてイスタンブルでは目にしなかったペルシア料理店、アラブ料理店も開かれた。また、同じイスラム圏でトルコ民族圏でもあるということで、留学生もふえたのだろう。中国の新疆ウィグル自治区の料理を供するウィグル料理店まで開店し、こちらはウィグル人留学生でにぎわっている。はては、かつてのイスタンブルでは、ウスクダルのカナト・ロカンタスゥがウズベク風のウズベク・ピラフを供するにとどまっていたのが、ウズベク料理店を称する店まで登場したほどである。

一方、東方の食についての変遷はどうであろうか。筆者留学中の一九七〇年代前半のイスタンブルには、中華料理店は、日本でいえば学生街の中華飯屋風のメニューを高級料理店並の値段で供する店が新市街に一軒あったのみ。また日本料理店にいたっては、全トルコに一軒もなかったものである。それが今日では、中華料理店、日本料理店ともに、超高級ホテル内の超高級店から庶民的なものまで、店の数も幅も増え、中華食材店だけでなく、さらには、少なからぬ寿司バーまでが現れている。

カレー・ライスなど、筆者の留学中には、ヒルトンホテルのメインダイニングルームで欧であるほど風カレーがあっただけだったのが、タイ料理店までできてタイ式カレーまで味わいうる。

西方の料理についても、筆者留学中のイスタンブルでは、高級ホテルのダイニングルームを除けば、フランス料理専門店はなく、イタリア料理店が一軒、ドイツ料理店が一軒、ロシア料理店が一～二軒あったのみであった。しかし、一九八〇年以降、まずは米国製のファストフードであるマクドナルド・ハンバーガーとケンタッキー・フライドチキン、そしてアメリカ式イタリアンのピザ・ハットが参入して、まずは都会風若者たちを惹きつけ出し、ピッツァとパスタを供するイタリアンレストランが数多くみられるようになった。さらに驚くべきことに、我が国では、横浜のホテルニューグランド発祥とされるスパゲッティー・ナポリタンも、その店にはメニューにのせられているではないか。日本のナポリタンがトルコに伝来したはずはない。横浜ホテルニューグランドといえば、GHQ占領時代に、司令官マッカーサー元帥の宿舎になっていた。思うに、スパゲッティー・ナポリタンは元来、アメリカン・イタリアンであり、彼の部下にイタリア系米軍人がいて、この経路でスパゲッティー・ナポリタンがニューグランドホテルの厨房に伝えられ、日本風に「改良」されたのではあるまいか。

これは、いささか余談にすぎるが、古都イスタンブルの食の世界も、とりわけ一九八〇年以降、トルコ料理の世界において大きな変化が進行し、トルコ人の「舌」の感受性の拡大とともに、諸外国の料理を供する料理店が数も急増しながら、その種類も著しく拡がりつつある証と言えよう。

このような中で、イスタンブルの古典的な食の世界についての研究である本書も、一定の意味をもちうるのではあるまいか。

なお、学術文庫版刊行にあたり、若干の加筆訂正を行った。また、図版にも若干の変更を加えたが、その他はほぼ原形のままである。「つけたり」の文献についても、本書初版のままとした。

トルコの食文化全般に御関心のむきは、農山漁村文化協会刊の『世界の食文化』シリーズの第九巻として、拙著『トルコ』が刊行されているので、ついてみられれば幸甚である。

最後に、トプカプ宮殿蔵ミニアチュールの図版については、提供して下さった写真家の大村次郷さんに、また、長らく品切れとなっていた初版を発掘し、学術文庫としての刊行に尽力して下さった学術文庫編集担当の原田美和子さんに、心からの謝意を表したい。

二〇二〇年夏

鈴木　董

図版一九、三七、七二、一〇一、二〇七、二一六ページ／トプカプ宮殿博物館所蔵　撮影　大村次郷

図版五二、一二五、一三〇、一五六ページ／M. de Ferriol, *Recueil de cent estampes qui représentant les differentes du Levant*, Paris, 1714.

図版一三三、二〇〇ページ／A. I. Melling, *Voyage pittoresque de Constantinople et des rives du Bosphore*, Paris, 1819.

本書の原本は、一九九五年にＮＴＴ出版から刊行されました。

鈴木　董（すずき　ただし）

1947年生まれ。東京大学法学部卒業，同大学院法学政治学研究科博士課程修了。法学博士。東京大学名誉教授，トルコ歴史学協会名誉会員。専門はオスマン帝国史，比較史・比較文化。著書に『文字世界で読む文明論』『オスマン帝国』『文字と組織の世界史』『世界の食文化9　トルコ』など，学術文庫に『オスマン帝国の解体』がある。

講談社学術文庫

定価はカバーに表示してあります。

食《しょく》はイスタンブルにあり

君《くん》府《ぷ》名《めい》物《ぶつ》考《こう》

鈴《すず》木《き》　董《ただし》

2020年9月9日　第1刷発行

発行者　渡瀬昌彦
発行所　株式会社講談社
東京都文京区音羽2-12-21 〒112-8001
電話　編集（03）5395-3512
販売（03）5395-4415
業務（03）5395-3615
装　幀　蟹江征治
印　刷　豊国印刷株式会社
製　本　株式会社国宝社
本文データ制作　講談社デジタル製作

ISBN978-4-06-520836-6

「講談社学術文庫」の刊行に当たって

これは、学術をポケットに入れることをモットーとして生まれた文庫である。学術は少年の心を養い、成年の心を満たす。その学術がポケットにはいる形で、万人のものになることは、生涯教育をうたう現代の理想である。

こうした考え方は、学術を巨大な城のように見る世間の常識に反するかもしれない。また、一部の人たちからは、学術の権威をおとすものと非難されるかもしれない。しかし、それはいずれも学術の新しい在り方を解しないものといわざるをえない。

学術は、まず魔術への挑戦から始まった。やがて、いわゆる常識をつぎつぎに改めていった。学術の権威は、幾百年、幾千年にわたる、苦しい戦いの成果である。こうしてきずきあげられた城が、一見して近づきがたいものにうつるのは、そのためである。しかし、学術の権威を、その形の上だけで判断してはならない。その生成のあとをかえりみれば、その根は常に人々の生活の中にあった。学術が大きな力たりうるのはそのためであって、生活をはなれた学術は、どこにもない。

開かれた社会といわれる現代にとって、これはまったく自明である。生活と学術との間に、もし距離があるとすれば、何をおいてもこれを埋めねばならない。もしこの距離が形の上の迷信からきているとすれば、その迷信をうち破らねばならぬ。

学術文庫は、内外の迷信を打破し、学術のために新しい天地をひらく意図をもって生まれた。文庫という小さい形と、学術という壮大な城とが、完全に両立するためには、なおいくらかの時を必要とするであろう。しかし、学術をポケットにした社会が、人間の生活にとってより豊かな社会であることは、たしかである。そうした社会の実現のために、文庫の世界に新しいジャンルを加えることができれば幸いである。

一九七六年六月

野間省一

池内　紀著
悪魔の話
ヨーロッパ人をとらえつづけた想念の歴史。彼らの不安と恐怖が造り出した「悪魔」観念はやがて魔女狩りという巨大な悲劇を招く。現代にも忍び寄る、あの悪夢を想起しないではいられない決定版・悪魔学入門。

2154

ウィリアム・H・マクニール著／清水廣一郎訳
ヴェネツィア　東西ヨーロッパのかなめ　1081～1797
ベストセラー『世界史』の著者のもうひとつの代表作。十字軍の時代からナポレオンによる崩壊まで、軍事・造船・行政の技術や商業資本の蓄積に着目し、地中海最強の都市国家の盛衰と、文化の相互作用を描き出す。

2192

パット・バー著／小野崎晶裕訳
イザベラ・バード　旅に生きた英国婦人
日本、チベット、ペルシア、モロッコ……。外国人が足を運ばなかった未開の奥地まで旅した十九世紀後半の最も著名なイギリス人女性旅行家。その幼少期から異国での苦闘、晩婚後の報われぬ日々まで激動の生涯。

2200

南川高志著
ローマ五賢帝　「輝ける世紀」の虚像と実像
賢帝ハドリアヌスは、同時代の人々には恐るべき「暴君」だった！「人類が最も幸福だった」とされるローマ帝国最盛期は、激しい権力抗争の時代でもあった。平和と安定の陰に隠された暗闘を史料から解き明かす。

2215

川北　稔著
イギリス　繁栄のあとさき
今日英国から学ぶべきは、衰退の中身である――。産業革命を支えたカリブ海の砂糖プランテーション。資本主義を担ったジェントルマンの非合理性……。世界システム論を日本に紹介した碩学が解く大英帝国史。

2224

本村凌二著
愛欲のローマ史　変貌する社会の底流
カエサルは妻に愛をささやいたか？　古代ローマ人の愛と性のかたちを描き、その内なる心性と歴史の深層をとらえる社会史の試み。性愛と家族をめぐる意識の変化は、やがてキリスト教大発展の土壌を築いていく。

2235

外国の歴史・地理

古代エジプト　失われた世界の解読
笈川博一著

二七〇〇年余り、三十一王朝の歴史を繙く。ヒエログリフ（神聖文字）などの古代文字を読み解き、『死者の書』から行政文書まで、資料を駆使して、宗教、死生観、言語と文字、文化を概観する。概説書の決定版！

2255

テンプル騎士団
篠田雄次郎著

騎士にして修道士。東西交流の媒介者。王家をも経済的に支える財務機関。国民国家や軍隊、多国籍企業の源流として後世に影響を与えた最大・最強・最富の軍事的修道会の謎と実像に文化社会学の視点から迫る。

2271

西洋中世奇譚集成 魔術師マーリン
ロベール・ド・ボロン著／横山安由美訳・解説

神から未来の知を、悪魔から過去の知を授かった神童マーリン。やがてその力をもって彼はブリテンの王家三代を動かし、ついにはアーサーを戴冠へと導く。波乱万丈の物語にして中世ロマンの金字塔、本邦初訳！

2304

民主主義の源流　古代アテネの実験
橋場　弦著

民主政とはひとつの生活様式だった。時に理想視され、時に衆愚政として否定された「参加と責任のシステム」の実態を描く。史上初めて「民主主義」を生んだ古代アテナイの人びとの壮大な実験と試行錯誤が胸をうつ。

2345

興亡の世界史 アレクサンドロスの征服と神話
森谷公俊著

奇跡の大帝国を築いた大王の野望と遺産。一〇年でギリシアとペルシアにまたがる版図を実現できたのはなぜか。どうして死後に帝国がすぐ分裂したのか。栄光と挫折の生涯から、ヘレニズム世界の歴史を問い直す。

2350

興亡の世界史 シルクロードと唐帝国
森安孝夫著

従来のシルクロード観を覆し、われわれの歴史意識をゆさぶる話題作。突厥、ウイグル、チベットなど諸民族の入り乱れる舞台で大役を演じて姿を消した「ソグド人」とは何者か。唐は本当に漢民族の王朝なのか。

2351